城市管理研究联盟2022年著作

城市管理研究联盟　编

城市数智治理与善治

CHENGSHI SHUZHI ZHILI YU SHANZHI

陶镇广　谭礼和◎主编

姚军　张光鸿◎副主编

中山大学出版社
SUN YAT-SEN UNIVERSITY PRESS
·广州·

图书在版编目（CIP）数据

城市数智治理与善治/城市管理研究联盟编；陶镇
广，谭礼和主编；姚军，张光鸿副主编 . -- 广州：中
山大学出版社，2024.10. -- ISBN 978 - 7 - 306 - 08135 - 3

Ⅰ. F299. 23

中国国家版本馆 CIP 数据核字第 20248SU887 号

CHENGSHI SHUZHI ZHILI YU SHANZHI

出 版 人：王天琪
策划编辑：赵　冉
责任编辑：凌巧桢
封面设计：曾　斌
责任校对：麦颖晖
责任技编：靳晓虹
出版发行：中山大学出版社
电　　话：编辑部 020 - 84110283，84113349，84111997，84110779，84110776
　　　　　发行部 020 - 84111998，84111981，84111160
地　　址：广州市新港西路 135 号
邮　　编：510275　传　　真：020 - 84036565
网　　址：http://www.zsup.com.cn　E-mail：zdcbs@ mail.sysu.edu.cn
印 刷 者：广东虎彩云印刷有限公司
规　　格：787mm×1092mm　1/16　13.125 印张　229 千字
版次印次：2024 年 10 月第 1 版　2024 年 10 月第 1 次印刷
定　　价：48.00 元

前　言

习近平总书记在党的二十大报告指出要"打造宜居、韧性、智慧城市"，这是以习近平同志为核心的党中央深刻把握城市发展规律，对新时代新阶段城市工作作出的重大战略部署。随着城镇化进程的推进，城市面临的管理和服务需求日益复杂和多样化，为数智技术在城市治理中的应用提供了广阔的空间；与此同时，数智化技术的迅猛发展，为城市治理提供了前所未有的机遇与挑战。在此背景下，《城市数智治理与善治》一书应运而生。

本书以数智化城市治理为核心，从城市、社区和基层等多个维度探讨了数智技术在城市管理和服务中的应用。全书分为 3 大部分，第 1 部分"学术前沿"精选 2 篇优秀学术论文：《数智赋能基层社会治理的框架、场景与趋势》高屋建瓴，从宏观视角勾勒出基层数智治理的宏伟蓝图、鲜活场景及前瞻趋势；《执法下沉基层治理的组织困境：内在掣肘与外部制约——以广州市白云区三元里街道为例》则细致入微，从微观层面深入机理，剖析了基层城管执法的复杂挑战与深层原因，提出理顺权责、优化配置、协同增效、数智重塑等一系列政策建议。第 2 部分"2022 年研究联盟课题研究优秀成果"以实践为导向，围绕广州市镇街全域服务治理、城管领域新基建、城市管理标准化建设等工作实践开展调查研究并形成学术成果，精选 4 篇力作。这些文章立足广州城市管理领域的具体实践问题和发展需求，通过深入剖析现状、精准把脉问题、透彻追溯成因，并据此提出切实可行的对策方案，展现出学术研究与实践探索深度融合的典范，为城市管理领域的创新发展提供了坚实支撑与宝贵启示。第 3 部分"第四届城市管理案例创新大赛优秀作品"则闪耀着新生力量的光芒，收录了 2022 年第四届城市管理案例创新大赛荣获一等奖的 2 个作品。这 2 个作品共同聚焦于数智技术深刻影响并重塑基层治理的广阔图景，不仅展现了数智技术的前沿应用与强大潜力，更是高校与实务部门携手并进、共创辉煌的生动实践。

数智化技术的应用，尤其是大数据、人工智能和物联网，正在重塑城市治理的各个方面。总之，《城市数智治理与善治》力求为读者提供一个全新的视角，帮助理解和应对数智化时代的城市治理现状、机遇与挑战。我们希望本书不仅能成为学术研究的参考资料，更能为政策制定者、城市管理者和社会各界提供有价值的实践指导。期待通过共同努力，推动全球城市在数智化转型中走向更加美好的未来。

目　录

第❶部分

学术前沿

随着社会的不断进步和技术的迅猛发展，数智化技术在基层治理中的应用日益广泛，展现出巨大的潜力和价值。本部分在不同维度上对基层社会治理进行了深入的探讨：前者从技术赋能的角度，提出了数智治理的框架和未来趋势；后者则从组织困境的角度，揭示了执法下沉的实际挑战，并提供了应对策略。通过进一步的研究和实践，可以更全面地理解和推动基层社会治理的数智化进程，实现更加高效、透明和公正的社会治理体系，以期为基层治理提供创新思路和实践指导。

数智赋能基层社会治理的框架、场景与趋势

陶 念

（中移系统集成有限公司）

摘要： 作为国家治理体系的"神经末梢"，基层治理是城市治理的基础，基层治理的数字化是城市治理数字化体系的底座。本文通过回顾社会治理的发展历程，面对基层治理"看不见、效率低、指挥难"等现实困境，阐明了数字化转型是基层治理破局的必由之路；通过剖析国内基层数智治理的实践探索，提出了基层数智治理的思路与框架；通过将数字化技术与基层治理深度融合，阐述了智能赋能基层社会治理典型应用场景。最后提出未来治理的三大发展趋势，即单点智能向整体智慧演变、治理空间有界向无界演变、数据智能驱动治理范式变革。

关键词： 数智治理；应用场景；发展趋势；数字化；社会治理

基层治理是国家治理的基石，统筹推进城乡社区治理，是实现国家治理体系和治理能力现代化的基础性工程[1]。基层强则国家强，基层安则天下安。党的二十大报告系统阐述了中国特色社会主义社会治理体系精神内涵，提出要全面推进国家安全体系和能力现代化，坚决维护国家安全和社会稳定[2]。数字化时代，基层社会治理面临新的形势与挑战，本文通过回顾社会治理的前世今生，以问题为导向，提出数智赋能基层社会治理的框架、场景与趋势。

一、基层社会治理的发展历程

基层治理是社会建设和社会发展的基石，党团结带领群众，引领社会治理持续探索和创新，取得了前所未有的重大成就。回顾党的百年社会治理历程，大致可划分为四个阶段。

（一）第一阶段（1921—1949年）：起步探索阶段

围绕新民主主义革命时期的中心任务，党在局部地区探索社会变革和治理制度，提出了"把支部建在连上"，提出"动员群众、组织群众、依靠群众"的群众路线，在根据地建立人民代表大会和民主政治协商制度，党的七大明确把"全心全力为人民服务"写入党章，"以人民为中心"的社会治理理念贯穿始终。在实现马克思主义中国化第一次历史性飞跃中，准确把握中国的国情、特点和规律，正确分析中国的革命现状，就中国社会治理问题提出了一系列重大理论，为新中国成立之后加强和创新社会治理奠定了基础[3]。

（二）第二阶段（1949—1978年）：社会建设阶段

新中国成立以后，进入全面推进社会主义建设时期，革除旧社会弊病，建立新社会秩序，致力于全面确立社会主义基本制度，提出要消灭一切剥削制度，正确处理敌我矛盾和人民内部矛盾，推广"发动和依靠群众，坚持矛盾不上交"的"枫桥经验"。

（三）第三阶段（1978—2013年）：改革发展阶段

十一届三中全会以后，党的工作重心转移到经济建设上来，开辟中国特色社会主义，发展社会主义市场经济，国家的基础制度、根本任务、治理结构发生了新的变化。城市社会组织经历了从"单位制""街居制"到"社区制"的转变[4]。

（四）第四阶段（2013年至今）：现代化治理阶段

十八届三中全会以来，党中央正式提出了社会治理的时代命题，强调全面深化改革的总目标是推进国家治理体系和治理能力现代化，拉开了社会治理现代化的序幕。进入新时代，党中央提出要健全共建共治共享的社会治理制度，提升社会治理效能，形成"党委领导、政府负责、民主协商、社会协同、公众参与、法治保障、科技支撑"社会治理体系。

二、基层社会治理的实践探索

当前基层治理面临诸多挑战，特别是经历了"乙类乙管"常态化防控，同时面临新时期人民美好生活需要呈现多样化、多层次、多方面的特点。

本节主要探讨数智驱动基层治理转型升级与实践探索。

进入数字时代，新的社会形态要求新的社会治理模式，特别是当前基层社会治理的痛点迫切需要数智化技术赋能解决。通过治理数字化转型整体驱动基层治理模式变革、治理方式重塑、治理体系重构、治理能力升级[5]，以高效能治理全面助力基层减负增效，打造科学化、精细化、智慧化的"数智治理"新范式。随着新一代信息技术的快速发展和广泛应用，将赋能城市治理场景对人、事、物的深度数据挖掘与智能多维分析，推动基层治理由传统粗放式转向智能精细化。通过充分发挥新一代信息技术所带来的网络化、数字化、智能化优势，加强基层治理单元的多元感知、分析决策和智能预警能力，比如在传染病防控、平安社区、风险预警、应急指挥等领域进行应用，结合大数据挖掘和分析技术，将提升对各类重点人群、重点区域、突发事件等治理问题的精准管控效果[6]。通过构建"数治"和"智治"基础设施体系，统筹完善信息资源建设，推进"智辅科学决策"，拓展社会治理场景应用，积极探索新时代社会治理之路，以社会治理现代化夯实"中国之治"的基石，不断提升人民群众的获得感、幸福感、安全感。

1. 上海：数字家园

在便民生活方面，围绕人在社区的各类需求，打造人人与共、人人参与的数字化城市基础单元。建立条块合作、赋能基层的"15 分钟社区生活圈"。围绕"安全、宜居、康养、生活"四大需求，打造 12 大类数字社区生活场景。在数字治理方面，以党建为统领，以"社区云"为依托，赋能村居自治共治、主动服务、减负增效。加快建设社会治理共同体，推动在线社群、线上议事组织、开放式民调等应用。通过数据多元汇聚和跨层级调度，发挥物业、居民、志愿者等社会自治力量，让"小事不出居委"。丰富市、区、街镇、网格、社区五级治理应用，围绕数据、场景、系统，推动"两网"双向融合、相互协同，实现上下互通、多级赋能。

2. 杭州：未来社区

提出"1+3+9"的未来社区理念，即一个中心，三大价值坐标，九大未来场景。在未来治理场景中，以党建引领基层治理，完善党建带群建制度体系，健全民意表达、志愿参与、协商议事等机制，推动党的领导更好地嵌入基层治理实践，汇聚基层各方力量参与基层社会治理。搭建数字化精益管理平台，依托浙江政务服务网和"浙政钉"平台，促进"基层治理四平台"的融合优化提升，梳理社区各项任务，强化基层事务统筹管理、流程优化再造、数据智能服务，有效推进基层服务与治理现代化[7]。

3. 北京：数字社区

建设由基础底座、核心平台和应用场景构成的社区治理服务新形式，打通市、区、乡镇（街道）三级数据通道，形成基层社区管理和公共服务的数据基础。围绕社区生活全链条，依托线上社区数字化平台和线下社区服务机构，推动政务服务平台、社区感知设施和家庭终端联通，打通社区"最后一公里"。以社区微服务升级，形成"数据—算法—服务"的正向闭环，推动单体设备、碎片拼凑式场景体验向跨场景全域智能体验演进。

4. 深圳：南园模式

南园模式是以深圳市南山街道南园社区为试点，运用现代科技支撑的智慧警务，按照政府与居民共同参与的思路，通过大数据、移动警务，探索出一条社区治理新路子，打造新时代枫桥经验"南园模式"。以"民生为本、综治引领、科技支撑"为理念，开展"警务+群防群治""智慧+便民服务"等工程，提出"一盘棋""一体化"的建设原则，实现"一图全面感知、一键可知全局、一屏智享生活"的建设目标。

三、基层数智治理设计思路与总体框架

（一）设计理念

基层社会治理数字化转型是全面提高基层治理体系和治理能力现代化的必然要求[8]。我们应坚持以人民为中心，综合运用大数据、物联网、人工智能等新技术，以"党组织引领、社会化共建、社区化共治、邻里

式共享"为原则，实现"数智治理"的目标，打造共商、共建、共治、共享的基层社区治理新格局（图1-1）。

党组织引领
把党的领导贯穿社区建设工作全过程、各方面，将党的政治优势和组织优势转化为推进基层治理体系和治理能力现代化的强大效能。

社区化共治
凝聚社区社会组织、社区志愿者、居民等力量，形成多方协商的工作机制，共同参与社区治理。

社会化共建
挖掘整合辖区内多元主体的优势资源和专业资源，团结社会力量参与社区建设与基层治理。

邻里式共享
营造守望相助、和谐共享的社区治理氛围，提升邻里之间、家庭之间、社区之间的友好关系。

共商 共建 共治 共享

图1-1 设计理念

同时，基层治理存在不稳定性、不确定性、复杂性和模糊性等挑战[9]，我们在推动基层治理数字化转型方面应遵循以下基本原则：

1. 统筹规划，整体协同

完善总体规划，优化整合治理资源，聚焦数字化基础设施，推动集约化建设和运营，实现跨区域、跨部门、跨层级协同管理和服务。

2. 创新驱动，数据赋能

坚持需求导向、问题导向、效果导向，充分发挥大数据对基层治理的深度赋能，实现数据与业务应用深度融合。

3. 普惠包容，共建共享

坚持广集众智，确保数字化治理审慎适度、富有温度，弥合"数字鸿沟"，让全体人民成为数字化治理的参与者和受益者。

4. 强本固基，安全可控

坚持信息安全底线思维，坚持开放创新与安全可控并重，构建数字网格空间安全屏障，强化关键领域信息安全保障。

（二）总体框架

深化党建引领基层治理，着力打造一个看得清、管得住、放得开、执法准、会思考的基层治理数字化平台。集党建、网格、综治、物业、城管、政务、便民业务于一身，构建社区基础设施融合能力、全场景全业务融通能力、社区综合治理融智能力，打造网格化管理、精细化服务、信息化支撑、开放共享的智慧社区基层治理综合服务平台，提供面向政府、物业、居民和企业的社区管理与服务类应用（图1-2）。

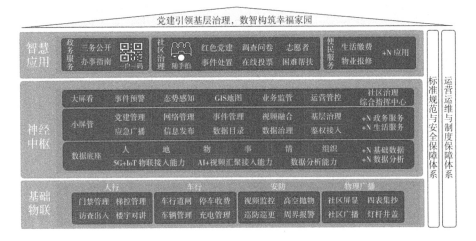

注：GIS，Geography Information System，地理信息系统；5G，5th Generation Mobile Communication Technology，第五代移动通信技术；IoT，Internet of Things，物联网；AI，artificil intelligence，人工智能。

图1-2　总体框架

基于"共商、共建、共治、共享"的设计理念，我们将智慧小区建设与社区发展治理相结合，促进小区数治、智治、德治、法治、自治"五治融合"，推动形成基层智慧治理新发展范式。整体建设内容采用"1+1+N"的总体架构，具体包括：

一个基础物联感知平台：汇聚基层治理各类静态数据和动态数据，涵盖人行、车行、安防监控、城市部件等物联感知数据。

一个神经中枢指挥中心：实现数据的集约管理、科学分析、智慧决策，通过"神经中枢"智能调度处置，形成"感知采集—分析决策—指挥应用"的基层智慧治理闭环。

N类智慧应用：打造智慧党建、智慧安防、智慧物业、智慧服务、智慧政务、智慧治理等N类应用。

四、数智赋能基层社会治理应用场景

基层社会治理的质量高低直接影响人民群众满意度和获得感，基层"数智治理"的本质特征是使用数字化技术来提升治理效能。社区是城市微单元，也是基层治理的"最后一公里"[10]。通过以第五代移动通信技术（5th Generation Mobile Communication Technology，5G）为连接基座，融合物联网（Internet of Things，IoT）、大数据、云计算、人工智能（artificial intelligence，AI）等新兴技术，构建治理新范式，以机器智能为"大脑"，物联网数据为"神经末梢"，视频数据为"眼睛"，服务及民生数据为"耳朵"，对人实现精准画像，对事实现智能辅助，对物实现万物智联，智能分析并全面展现社区内人、事、物全要素，全面赋能社区治理场景应用。数字化技术与社会生活相互结合，与基层治理相互套嵌，快速建构了数字化的治理形态，也衍生出数字时代的治理新逻辑[11]。通过数字化技术对治理场域进行读取、监测和分析，实现城市物理空间与数字空间精准映射、智能运行，最终建成"万物智联"的城市全要素感知体系。

（一）社区大脑

利用数字孪生技术，叠加各类异构多源数据，聚合社区人、房、事、物、情、组织等数据资源全要素，构建全域全时、精准映射、虚实交互的城市信息模型（City Information Modeling，CIM）平台［建筑信息模型（Building Information Modeling，BIM）＋地理信息系统（Geography Information System，GIS）＋IoT］，直观呈现基层社区运行状态，实现社区治理的一图统管、一网协同、一键响应。

1. 全景一图统管

通过 BIM、GIS 等技术构建小区全要素三维数字模型图，动态展示社区各重要点位运行状态。

2. 信息一网协同

数据通过物联网技术实现自动上传、智能分析和分类推送，为社区治理提供科学分析、智能管理的数据支撑。

3. 指令一键响应

用户将诉求上传到"社区大脑"进行智能分析，相关诉求形成对应指令分发给服务应用终端，实现一键执行和状态实时反馈。

（二）传染病防控

通过融合运营商大数据能力，可实现传染病疫情人口的精准定位和管理，同时平台配有相应提示和管理模块，以系统化方式降低基层人员投入，实现信息多跑路，人员少跑路。同时针对扫码测温、隔离管控的痛点，可通过 AI 测温门禁、窄带物联网（Narrow Band Internet of Things，NB－IoT）智能门磁等智能设备，实现精准高效防控，充分利用 5G＋人工智能物联网（Artifical Intelligenced Internet of Things，AIoT）赋能基层进行传染病防控。

（三）风险预警

通过部署超高清 AI 摄像机，基于 5G 大带宽高速率特性，实现多路视频监控画面实时回传，利用 AI 的深度学习对视频图像解析的突出作用突破原有的限制，将安防监控传统的事后核查转变为事中和事前的预警布控；对小区内各类人、车、事、物的标签化解析，建立发现问题、解决问题的智能预警以及分析决策模型，实现人脸识别、行为识别、车牌识别、轨迹追踪、入侵检测、高空抛物、车辆违停、消防堵塞、占道经营等应用，针对基层治理热点难点问题提供风险识别和研判预警。

（四）智能采集

通过以社区基础设施智能化改造升级为抓手，充分感知、收集和分析社区数据，可以有效解决数据采集难、人员效率低、资源共享难等问题。智慧社区的建设涉及大量的智能硬件及传感设施，需依托 NB－IoT 物联网实现智能设备之间的链接。5G 广连接的特性将全面提升社区智能终端的部署与联动，部署的海量物联网设备通过 5G 升级，在社区场景实现数据感知和连接的全覆盖，平日里随处可见的水电表、灯杆、井盖、烟雾感应器、燃气感应器等在 5G 时代都将变得更加智慧，每个对应设备内安装智能传感芯片，通过网络接入大数据管理平台，用户可通过智能终端实现监控路灯、水位、烟雾报警等信息获取。

（五）应急联动

通过 5G 鹰眼高空瞭望系统，对关键位置人流、车流安全态势实时掌握，高空实时画面掌控全局，借助直观的 3D 全息建模，辅以人口热力大数据实时预警分析，从而掌控核心区域人群密集、车流拥堵的实况，实现对重点区域、重点商圈、主干道路等大场景安全态势的预警与研判，同时对接融合通信指挥调度平台，实现"快速发现异常、高效指挥调度、精准把控全局"的科学处置效果。

（六）治安防控

建立社区治安防控体系，综合运用智能视频分析、人脸识别、车牌识别、智能门禁等智能化、信息化手段实现人和车的信息数据采集和分析，做到基础信息"底数清、情况明"。通过建设以视频为核心的多维感知防线，拓宽防控覆盖面，以"汇聚、融合、赋能"为技术支撑，实现对视频资源的汇聚治理、集中解析、智能调度和开放共享，整合社区各类数据，让各方更加方便地共享视频内容和大数据价值，更加主动地进行事前防范和预测预警，全面提升治安防控水平。

（七）数据研判

通过多源异构数据融合分析，运用大数据和 AI 技术，建立发现问题、解决问题的智能预警和分析决策模型。通过数据挖掘和分析进行信息研判，构建面向区、街道、社区多级部门的综合性辅助决策平台，集实时监控、异常监测和预警、分析研判、重点人员布控盯防等功能于一体，实现对社会治理困难热点问题、治理指标以及各类基层治理专题的智能分析、预警和决策，为应急处置和指挥调度管理提供精准化的依据。

1. 动态多维分析

对各街道、社区、网格的人口、房屋、企业、车辆、设备设施、机构队伍、矛盾事件等各项指标进行自定义建模分析和统计，并将结果通过可视化技术进行数据聚合呈现，实现"一屏观全域"。

2. 专题建模与应用

针对辖区范围内不同类型重点人员的关注程度、危险等级等指标，分专题进行算法建模，设定具有个性化需求的业务研判逻辑，并进行阈值告警设置。

3. 多数据关系图谱

包括基础数据关联呈现、基于地图的人员通行记录、车辆通行记录查询与统计，通过人脸识别比对和车牌识别比对，将人脸轨迹、车辆数据异常分析加以呈现，实现对各类重点人员、特殊人群和车辆异常记录等重点关注数据及时诊断和告警，智能辅助决策。

五、新时代基层数智治理发展趋势

（一）基层数智治理的趋势之一：单点智能向整体智慧演变

传统数字化治理由于缺乏系统规划性，碎片化的场景需求导致各系统割裂建设、存在"烟囱壁垒"、没有全面实现互联互通。未来将建立完善城市感知体系，打通"城市大脑、社区小脑、家庭微脑"三个层面的全域数据，解决传统城市治理存在的底账不清、"烟囱林立"、"数据孤岛"、感知盲区等问题，提升城市治理数字化水平。整合各类泛在感知设备和碎片化的物联感知数据，全方位、多角度汇集多维、海量、鲜活数据，实现城市"整体智治"。

（二）基层数智治理的趋势之二：治理空间从有界向无界演变

数字化打破了治理空间的边界，开辟了更多新的治理场域。从实体空间到虚拟空间，未来管理趋势是全方位、全覆盖、不留死角的，数字治理将朝着虚实共生的治理新模式演进。未来将通过多维空间的虚实映射，将治理空间进行无限延伸，随着数字化进程的加速发展，网络空间将成为关注的重点。

（三）基层数智治理的趋势之三：数据智能驱动治理范式变革

随着数据作为生产要素的作用和价值越来越凸显，通过推进全生命周期数据治理和融合创新，数据＋AI 将重构治理范式逻辑，单纯依靠人工决策的方式将逐步过渡到数据智能辅助决策。基于统一数据资源体系和架构支撑，整合汇聚各部门系统，跟踪系统业务运行和数据治理情况，借助多维数据建模开展关联分析，辅助管理者作出科学精准、全局最优的决策。

在未来的城乡基层治理中，以 5G + AIoT 为代表的数字化技术将带来各个治理领域的突破性变化，将基于 CIM 重构数字治理与现实治理的互动关系，形成基层治理的数字底座，通过不断丰富和完善应用场景，推动物联、数联和智联，实现城乡运行的全面感知、集中管理、分散控制、数据决策和协同联动，提升基层治理"精细化、精准化、智慧化"水平。

参考文献

［1］龚维斌. "十四五"时期推进基层治理现代化研究［J］. 中国特色社会主义研究，2021（4）：23 - 29.

［2］习近平：高举中国特色社会主义伟大旗帜 为全面建设社会主义现代化国家而团结奋斗［EB/OL］.（2022 - 10 - 25）［2024 - 06 - 01］. http：//www. gov. cn/xinwen/2022 - 10/25/content_5721685. htm.

［3］魏礼群. 中国共产党百年社会治理的历程、成就和经验［J］. 社会治理，2022（1）：5 - 12.

［4］董彪. 权力结构变迁下的城市社区治理问题研究［J］. 城市观察，2016（2）：97 - 105.

［5］推进治理数字化转型实现高效能治理行动方案［EB/OL］.（2022 - 01 - 13）［2024 - 06 - 01］. https：//www. shanghai. gov. cn/nw12344/20220113/b4752dcf13764c06914b0475f5f4818a. html.

［6］陈涛，孙宁华，徐松. 打造一体化智慧社区，破解基层治理"烟囱"［J］. 国家治理，2020（30）：27 - 30.

［7］袁博，刘世晖. 浅议以未来社区为抓手的智慧城市建设新模式［J］. 智能建筑与智慧城市，2020（11）：32 - 34.

［8］李建宁. 基层社会治理数字化转型的审思与创新［J］. 领导科学，2021（14）：40 - 42.

［9］傅昌波. 全面推进智慧治理 开创善治新时代［J］. 国家行政学院学报，2018（2）：59 - 63，135 - 136.

［10］陶念，张胜，付泰. 基于 5G + AIoT 的智慧社区发展趋势与关键场景探析［J］. 电信科学，2022，38（S1）：231 - 239.

［11］韩志明，马敏. 清晰与模糊的张力及其调适：以城市基层治理数字化转型为中心［J］. 学术研究，2022（1）：63 - 70.

执法下沉基层治理的组织困境：内在掣肘与外部制约

——以广州市 B 区 C 街道为例 *

彭显耿　吴　婷　林嘉琪

（华南师范大学政治与公共管理学院）

摘要：基层治理是国家治理的基石。为加强基层治理体系和治理能力现代化建设，广州市推行镇街综合行政执法改革基础工程，调整市、区两级政府职能部门行政执法职权下放由镇街综合实施，以期提升基层治理效能。文章基于组织学视角，以广州市 B 区 C 街道城管执法工作为例，通过动态追踪及深入考察内部系统与外部环境的双重因素，力图揭示执法下沉的改革设置与基层治理失效的关联机理。研究发现，当前综合执法改革存在镇街执法者难以有效承接执法权下放的现象，具体表现如被动承接、应付落实，管理悬浮、职能空转，目的虚无与价值苍白，致使公众信任问题发生。基层"顶唔顺"①主要受到城管系统的组织演变与职能特征、权力下沉与资源配置非对称性的掣肘、基层执法环境复杂化的制约，以及"搭便车"执法与个体困境的影响。鉴此，文章提出理顺权责关系、优化执法配置，匹配执法资源、搭配协同执法，数智链接上下、重塑执法流程的建议，为提升基层治理效能提供政策参考。

关键词：执法下沉；基层治理；内在掣肘；外部制约

---

　* 基金项目：教育部人文社会科学重点研究基地重大项目"共同富裕背景下的城市治理现代化与城乡融合发展"（22JJD630023）；广东省省哲学社会科学规划 2024 年度青年项目"中国城市更新政策创新的全过程研究"（GD24YGL06）；广州市哲学社科规划 2024 年度重大课题"广州建设中心型世界城市研究"（2024GZZD01）。

　① 顶唔顺：广东方言，即"吃不消、受不了"的意思；文章选择保留最能够表现本土特征的概念词或标签，以期最直观、强烈表达基层执法者难以有效承接执法权下放的感受。

14

一、背景与问题

深化综合行政执法体制改革是应对治理现实的应有之义，是推动社会治理重心不断下移、资源服务有序下沉、职责权力逐渐下放的有力举措[1]。自 1996 年"综合行政执法"概念提出以来，我国综合行政执法改革已实施二十余年，历经集中执法试点的探索阶段（1999—2014 年）、全面综合执法的推进阶段（2015—2017 年）、发展重要领域综合执法的深化阶段（2017 年至今）[2]。近年来，广州市以地方政府机构改革为契机，纵深推进综合行政执法体制改革，推动执法层级和执法重心下移[3]，为创新综合行政执法改革提供了实践样本。2021 年，《广州市人民政府关于镇街综合行政执法的公告》的发布[4]，决定下放 506 项职权，由全市各镇人民政府和街道办事处（以下简称"镇街"）统一实行综合行政执法，逐步整合现有执法资源与力量，完善"两级政府、三级管理、四级网络"的下沉式城市综合管理体制，行政执法"碎片化"得到一定程度的缓解，基层活力得以释放。然而，执法下沉也让基层面临着越来越多的执法任务，在内部系统与外部环境的双重压力下，镇街执法者往往难以真正有效承接执法权下放，而应付式执法等行为的产生常常导致基层治理失效与公众信任问题。

为此，本文聚焦广州市城市管理综合行政执法下沉镇街基层治理的过程，通过动态追踪及深入考察广州市城管系统的组织沿革，以及基层复杂多元的社会生态，试图揭示综合行政执法改革中基层"承接失效"的双重桎梏。采用案例研究的策略，力图挖掘和识别执法下沉进程的关键节点，细致勾勒制度设计与实践运作间的张力。在厘清基层执法权下沉受阻的组织困境的基础上，本文尝试提出相应的政策建议，以期为提升基层治理效能、深化综合行政执法体制改革提供理论参考。

二、文献综述：城市综合执法改革与基层治理困境

（一）综合执法：理想图景与现实困境

城市管理综合执法改革是整体性治理的内在要求[5]，指向权力的

"横向集中"与"纵向下放",并伴随责任和资源的结构变迁[6]。综合职能的范围因地而异[7],但基本涵盖市容环境卫生、城市规划、工商行政、公安交通等七类特定职能及一个兜底条款[8]。在基层治理场域,各地综合行政执法改革呈现出"基层一支队伍管执法"的典型实践[9],有利于解决基层"多头执法""悬浮执法"等问题,夯实基层治理基础[10]。然而,城管执法权的下放并非一劳永逸,诸如权力类型不明确、审批程序不健全的问题都会在改革期间被放大,与基层执法需求形成冲突[11]。关注当前的基层执法实践,执法者面临着复杂的执法环境,又承担着超负荷的执法任务,执法冲突难以完全避免[12]。执法下沉过程中,基层综合行政执法队伍管理缺位、资源错配等造成执法队伍质量失衡[13][14]、执法人员素质参差问题[15],既影响相关执法权的有效落实[16],也会打击基层的执法积极性[17]。

(二)基层治理:综合执法的内外交困

基层治理是国家治理的神经末梢,其组织结构与运行模式影响治理稳定性与效能。基层政府部门与镇街综合行政执法组织在业务上形成指导与被指导关系,后者的执法行为也受到基层政府组织结构的牵动。我国基层政府的组织结构与组织行为间存在一定的脱耦现象,例如"制度同构"与"技术同构"产生冲突[18],组织间权责划分不合理[19]、条块协调不给力与信息沟通不顺畅等现实难题阻碍基层治理效能的提升[20][21]。转向城市管理综合行政执法模式,各地实践涵盖属地执法[22]、联合执法[23]、垂直执法等模式[24],都存在各自的发展优势与困境。基层综合行政执法组织作为具体承接并行使执法权的主体,其发展深受具有开放性、复杂性与不确定性特点的组织环境影响。动态变化的公众需求与执法问题等导致基层执法者面临数量增多、难度加大的执法任务[25]。在多数情况下,组织必须与外部环境交互而获取资源[26],然而基层组织需要面对资源配置存在结构矛盾的现实[27]。处于管理系统的底层,资源依赖性强,一定程度上限制了基层执法能力。

(三)文献评述

既有研究聚焦综合行政执法改革进程中出现的执法冲突、执法低效等现象,关注执法下沉的运作逻辑、基层组织的行为特性,以及基层环境的复杂面向，体现了组织学视角在综合行政执法与基层治理研究中的运用。鉴于此，本文基于"内组织—外环境"的交互视角展开过程式、问题导向式的应用性研究，通过系统考察内部组织结构与外部环境的交互影响，试图揭示在组织与环境双重因素的共同塑造下，基层执法"承接失效"的内在逻辑，为理解城市基层治理与地方政府绩效提供一个跨越组织边界的分析路径，一个整合性、动态化的分析框架，这有助于深入探讨执法下沉与基层治理效能之间的关联机制，为优化基层治理提供一定程度的理论支撑。

三、研究方法与案例概述

（一）研究方法与案例选择

本研究采用案例研究法，探讨执法下沉镇街改革之"如何"与基层承接失效的"为什么"问题[28]。在城市基层治理变革中，综合行政执法权的下放与基层承接的反应经受着组织与环境双重因素的影响，具有明显的动态性及历时性特征。鉴于此，本研究采取参与式观察与深度访谈策略，通过动态追踪广州市综合行政执法部门的组织变迁，并以 B 区 C 街道为个案深入考察执法权下放前后的重要变化。

选择广州市 B 区 C 街道作为个案展开研究。首先，C 街道总面积5.16 平方公里。截至 2020 年末，街道常住人口达到 10.3 万，人口流动性大，城市治理难题在此集中凸显。其次，C 街道不仅是商业区，更是一个集中各类商务资源的区域。辖区内形成了空港经济企业聚集区，高端消费、娱乐休闲聚集区，且内含皮具商贸圈、化妆品商贸圈等。C 街道执法人员面对经济活跃度较高的环境，但镇街综合行政执法办公室（以下简称"执法办"）目前的人员在位情况与要求差距较大，辅助执法人员共缺33 人，接不住执法权的问题较为明显。最后，C 街道历史悠久，街道内的违法建设面积大、涉及人员多，长期制约城市发展空间，是城管执法的重难点之一。

（二）资料收集与构成

研究团队成员分别于 2023 年 5—10 月、7—9 月在广州市城市管理和综合执法局进行挂职和实习，并于广州市 B 区 C 街道开展案例跟踪。其间，深度访谈共达 12 人次，包括广州市城市管理和综合执法局（以下简称"城管局"）Z 处处级干部、C 街道综合行政执法队队员、C 街道执法办专员（表 1-1）。

表 1-1　访谈对象汇总

访谈对象	职务/职位	访谈形式	访谈时间
2023CGJ01	广州市城管局 Z 处处级干部	结构访谈	2023 年 5—10 月
2023CGJ02	广州市城管局 Z 处处级干部	结构访谈	2023 年 5—10 月
2023SYL01	C 街道综合行政执法队队员	无结构访谈	2023 年 9 月 21 日 2023 年 9 月 26 日 2024 年 4 月 19 日
2023SYL02	C 街道综合行政执法队队员	无结构访谈	2023 年 9 月 21 日 2023 年 10 月 20 日
2023SYL03	C 街道综合行政执法队队员	无结构访谈	2023 年 9 月 21 日 2023 年 9 月 26 日 2024 年 4 月 18 日
2023SYL04	C 街道综合行政执法队队员	无结构访谈	2023 年 9 月 21 日
2023SYL05	C 街道综合行政执法队队员	无结构访谈	2023 年 9 月 21 日
2023SYL06	C 街道综合行政执法队队员	无结构访谈	2023 年 9 月 21 日
2023SYL07	C 街道综合行政执法队队员	无结构访谈	2023 年 9 月 26 日
2023SYL08	C 街道综合行政执法队队员	无结构访谈	2023 年 9 月 26 日
2023SYL09	C 街道执法办专员	半结构访谈	2023 年 9 月 26 日
2023SYL10	C 街道执法办专员	半结构访谈	2023 年 10 月 20 日

与此同时，团队成员多次于 C 街道跟随执法人员到达违法建设拆除现场、店铺燃气安全检查现场等（表 1-2）。

表1-2 案例街道执法内容整理（节选）

案件类型	案由	案件编码	违法事实
普通程序	对拒不执行环境保护行政主管部门限制施工作业时间者的行政处罚	P01	广州市A有限公司于2023年3月16日晚，在广州市××工地进行土方外运作业，施工至2023年3月17日凌晨0时32分，夜间超时施工
	对新增、变更过户的运输车辆未办理《广州市建筑废弃物运输车辆标识》运输建筑废弃物的行政处罚	P02	2023年2月15日，广州市B有限公司新增的建筑废弃物运输车辆没有及时办理《广州市建筑废弃物运输车辆标识》，在广州市××附近天桥南往北方向运输建筑废弃物
	对运输建筑废弃物的车辆不整洁、不密闭装载的行政处罚	P03	2023年7月21日23时38分，广州G有限公司在广州市XX与YY交汇处东北侧ZZ号地块工地运输建筑废弃物未冲洗车辆保持车辆整洁防治土方遗撒污染路面
	对向未取得燃气经营许可证的单位或个人提供用于经营的燃气的行政处罚	P04	2023年4月21日，C街道执法办会同×燃气科在广州市××巡查时查获一辆非危运车运输燃气。经检查，该车辆运输气瓶的充装人无法提供燃气经营许可证，车内共有气瓶15个（其中15公斤6个，50公斤9个），均是广州D有限公司××液化石油气储灌站4月18日至4月19日充装。广州D有限公司××液化石油气储灌站向未取得燃气经营许可证的个人提供用于经营的燃气。C街道执法办通知广州D有限公司××液化石油气储灌站及时派危运车辆将燃气转运。经询问调查，广州D有限公司××液化石油气储灌站实施上述违法行为的违法所得共计519元

续表

案件类型	案由	案件编码	违法事实
简易程序	在不具备安全条件的场所储存燃气	J01	2023年3月17日，C街道执法在广州市×××进行燃气安全使用检查，发现E正在使用15公斤的燃气瓶使用超2米连接软管向燃气灶供气，存在安全隐患
	未将生活垃圾分类投放到指定的收集点	J02	F于2023年8月24日，在广州市×××路未将生活垃圾分类投放到指定的收集点

四、案例呈现：基层"顶唔顺"现象

（一）应接不暇：被动承接与应付落实

在综合行政执法改革的大背景下，执法权下放的本意旨在便利基层执法者开展日常管理工作，但镇街也被动承接了大量不属于其原有职能范围内的执法权，执法责任与工作负担明显增加。C街道人口密集，是重要的商业区之一，基层执法者需要面对大量群众、摊贩和企业开展管理。

我们注意到城市管理的职责在不断扩展，包括燃气安全这样的新任务。尽管这些变化带来了挑战，但我们视其为提升服务质量的机会。为了确保常规工作顺利进行，我们期待与街道密切合作，共同推动社区的发展与安全。（2023SYL03）

面对繁杂的基层工作，部分执法人员长期处于东奔西跑、疲于应付的状态。以C街道检查商铺是否安装燃气安全防护装置为例，执法者反馈：我们意识到这条街需要特别关注，因此我们会进行检查，并在此基础上努力优化时间安排，以便更有效地调配资源，确保后续的跟进工作能够顺利进行。（2023SYL02）执法力量的不足与任务的繁重导致执法过程缺乏对检查数据的整理和跟进，重复检查与遗漏检查的现象并存。执法下沉镇街后，有的基层执法工作既没有达到预期效果，又使得执法者愈发处于执法疲惫的状态，陷入忙碌却无功的处境。

没办法，现在这条街是领导重点关注的，经常来检查，有问题很容易被查到。（2023SYL05）

由于我们在基层直接接触到生活的方方面面，因此我们被赋予了更多的任务和责任。尽管人手有限，我们积极协调资源，优先处理紧急事务，以保证工作的顺利进行。我们意识到工作的多样性带来了全方位的锻炼机会，大家在团队中灵活协作，展现出多面才能，为社区提供全面支持。（2023SYL02）

（二）空中楼阁：管理悬浮与职能空转

执法资源的匮乏对执法效能产生了负面影响。执法权下放后，C街道仍沿用分线口的管理模式，但其资源配置呈现明显的结构性失衡。具体而言，工作量较大的城管口仅配备3名人员，而安监环保口却拥有近20名人员，导致基层执法者面临的工作任务与压力呈现显著差异。人力资源配置的不均衡不仅影响了执法的整体效率，还可能导致特定领域的执法工作被忽视或弱化。

我们安监线口工作量还好，主要是城管线口很忙。我们主要对接企业，企业还是比较配合的，一般不配合的情况是个人，像摊贩、违建这些工作，企业百分之九十都是配合的。（2023SYL04）

除人力资源外，物质资源的短缺同样制约着执法效能的提升。C街道面临巡视车辆严重不足的困境，这直接影响了执法的机动性和覆盖范围。同时，专项执法资金的匮乏也限制了执法行动的开展，导致必要的执法活动因经费不足而无法实施。

执法权下放后，我们面临了一些资源方面的挑战，但这也推动我们寻找创新的解决方案。尽管人力资源有限，我们的团队展现出非凡的团结和效率。对于物资使用，如车辆，我们在优化调配的同时探索更高效的使用方式。资金方面，我们积极协调，确保专项资金的合理使用，并努力与施工团队建立良好的合作关系，以推动工作的顺利进行。通过这些努力，我们持续改善社区环境，提升服务质量。（2023SYL02）

与此同时，部分执法权限的不完全下放或执法资格文件的缺失，使得执法人员陷入两难境地。这种情况迫使执法人员不得不采取消极应对的策略，导致执法工作出现"脱实向虚"趋势。特别是在面对企业时，由于缺乏充分的执法依据，执法人员常常遭遇不配合的情况，进一步削弱了执法的权威性和有效性。

在治理4号地块的黄泥浆水污染问题时，我们注意到尚未收到水务局和河长办的正式文件。目前，虽然有口头指导，但我们希望能够获得书面的支持文件，以确保后续处理的透明和合规。这将有助于我们在执法过程中更加顺利地与相关方沟通和合作，共同推进污染治理工作。（2023SYL08）

此外，执法下沉引发了基层执法者职能范围的显著扩张，使其不得不面对一系列新的工作内容。然而，针对新增职责的应对机制仍显不足。目前，基层执法者主要通过向上级请示等临时性、被动性措施来解决执法过程中遇到的难题，尚未建立起系统化、专业化的业务培训体系，执法人员难以有效提升其专业素养。

目前我们会参加一些培训，并期待在未来进一步深化和拓展。当前的综合执法模式是将基层任务整合到一个部门，这为我们提供了一个全方位发展的机会。随着执法任务的增加，我们的团队正在不断提升技能，以更全面地服务社区。（2023SYL03）

也有反映：

虽然目前的培训机会有限，但我们将其视为自我提升的动力。综合执法模式整合了多项基层任务，这为我们提供了广泛的实践经验和成长机会。随着执法任务的增加，我们期待未来能有更多学习和发展的资源，以更好地服务社区。（2023SYL03）

（三）徒劳无功：目的虚无与价值苍白

根据C街道执法人员的反馈，他们面临着多元化的巡查任务，且配备了专门的软件系统用于追踪和记录巡查路线。然而，在资源匮乏和绩效考核压力的双重制约下，执法工作呈现出明显的形式主义倾向，主要表现为过度关注工作留痕和应对上级检查。这种倾向在燃气安全设备检查等具体工作中尤为突出，执法人员频繁对同一店铺进行重复检查，却未能产生实质性的执法效果。

结果导向而非效果导向的执法模式，不仅导致工作效率的显著下降，还可能引发更深层次的问题。"留痕式执法"虽然在表面上满足了考核要求，但实际上可能掩盖了真实的执法问题，甚至可能导致执法资源的错误配置。加之执法人员普遍存在超时工作的现象，他们面临着巨大的工作压力，却未能获得相应的回报和认可。这种失衡状态不仅影响了执法人员的工作积极性，还可能导致他们对执法工作的目的和价值产生怀疑。长期来看，这种情况可能引发执法人员的职业倦怠，进而影响整体执法质量。

虽然当前没有加班费，但我们依然致力于展现团队的敬业精神和责任感。机动组的成员在周末值班和应对检查时表现出色，积累了丰富的经验和技能。我们相信，通过这种奉献精神和团队合作，我们能够继续创造积极的工作环境，并期待未来能有更多方式来认可和激励大家的辛勤付出。（2023SYL02）

C街道的执法人员便时常陷入关注排名而非实质性解决问题的"漩涡"中，执法下沉与基层工作逐渐失去了原本的意义与价值。

对于黄泥水污染事宜，我们可以考虑与安全生产部门合作，进一步加强对黄泥水污染的治理。为了提升巡查效率和覆盖范围，我们计划将巡查次数增加到2000次以上。看着其他镇街的积极行动，我们也充满了动力。通过对比排名和进度，我们将全力以赴，确保各项工作都能取得显著进展，并为社区提供更优质的服务。（2023SYL09）

（四）疑窦丛生：基层不满与信任缺失

执法人员在工作中出现的低效率和无效性问题，其影响范围远超出单一执法事件的范畴。这些问题实际上构成了一个多层次的影响链，从街道层面的执法工作，延伸至城市管理体系，甚至波及国家基层治理的整体评价。执法效能的衰减，本质上反映了基层治理体系中的结构性矛盾。表面化的执法行为不仅未能达成预期的管理目标，反而可能演变为对公众日常生活的干扰。这种干扰不仅仅是物理层面的，更是心理和社会层面的。

面对C街道执法人员数据登记问题带来的重复检查，商户们表示："希望改进检查流程，以避免类似情况的发生。"（2023SYLSH）这为C街道执法人员提供了一个提升执法透明度和效率的机会，从而进一步增强公众对基层治理体系的满意度和信任度。通过优化沟通和协调，C街道执法人员期待与社区建立更加信任和积极的关系。

五、案例分析：基层"接不住"的组织学成因

（一）内源性成因

1. 城管系统的组织演变与职能特征

广州市城市管理和综合执法局历经多年机构改革与职责调整（图1-3），"前身主要由广州市环卫线与执法线市级单位逐渐调整合并而成。"（2023CGJ01）2015年10月，原广州市城市管理委员会和原广州市城市管理综合执法局合并，成立广州市城市管理委员会（广州市城市管理综合执法局）。2019年1月，广州市城市管理委员会更名为广州市城市管理和综合执法局（以下简称"市城管局"）。

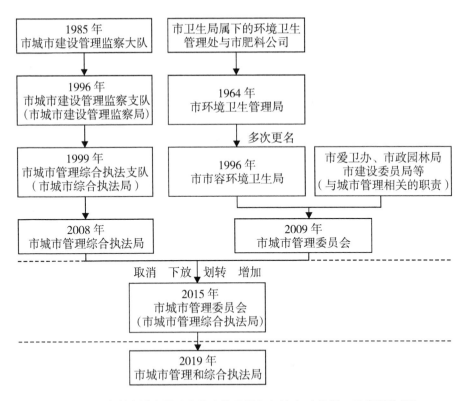

图1-3 广州市城市管理和综合执法局组织演变（依据二手资料绘制）

在机构改革与职能调整的过程中，市城管局经历了显著的职能扩张，横向整合了原属于市公安局、市住建局等其他市级部门的多项城市管理职能。这种职能的整合反映了城市管理向综合化、一体化方向发展的趋势。在这一体系中，镇街城市管理执法人员作为城管系统的基层执行力量，扮演着市城管局延伸至基层、实施城市管理的关键角色。执法权下放前的城市管理系统结构，实际上已经预设了基层执法队作为执法权下放后的主要承接主体。

然而，城市管理领域工作的特殊性使其面临着独特的挑战。这些挑战主要表现在以下几个方面：首先，问题的复杂性和多样性。城市管理涵盖了环境卫生、交通秩序、市容市貌等多个领域，每个领域都涉及复杂的社会关系和技术问题，需要执法人员具备广泛的知识储备和处理能力。其次，利益相关方的多元性。城市管理工作需要与居民、企业、社会组织等多方利益相关者进行频繁的沟通和协调，这增加了工作的复杂度和难度。第三，问题的累积性和持续性。许多城市管理问题是长期积累的结果，难以通过短期行动彻底解决，这要求执法人员具备持续的工作热情和耐心。第四，成效的滞后性。城市管理工作的成果往往不能立竿见影，改善城市环境和提升市民生活质量需要长期的努力，这容易导致工作成效被低估或忽视。最后，社会期望与实际能力的矛盾。公众对城市管理的期望往往较高，但实际执法能力和资源有限，这种矛盾容易引发外界的质疑和批评。

这些特征使得城市管理工作充满挑战，但也充满了成就感。正如有工作人员认为："城管系统承担着许多重要的基础工作，为城市的正常运转做出贡献。"（2023CGJ02）"我们的工作内容广泛，虽然有时涉及复杂的利益关系，但这也让我们有机会在解决问题中不断成长和提升。尽管面对各种不同的声音，我们始终致力于改善城市环境和服务质量，并期待通过努力赢得更多市民的理解和支持。"（2023SYL01）

2. 下沉权力与资源配置的非对称性

自2021年广州市实施执法权下放以来，镇街层面的行政处罚权事项范围显著扩大，涵盖七大行政管理领域（表1-3）：规划和自然资源（19项）、住房建设（46项）、生态环境（29项）、农业农村（37项）、水务（48项）、卫生健康（32项）以及城市管理（295项）。这种大规模的执法权下放反映了政府推动基层治理能力提升的决心，但同时也凸显了执法权下放与基层实际需求之间的不匹配问题。一方面，执法权与辖区实际情况不符,部分下放的执法权与街道的实际情况存在明显脱节。例如,"C街道区域内不存在森林,但承接了相关的执法权。"(2023SYL10)不仅造成了执法资源的浪费,也导致执法人员对这些"用不上"的执法权缺乏关注,影响整体执法效能。另一方面,执法能力与执法权要求不匹配,相应的执法权下放需要专业的设备和人才支持,而基层街道往往缺乏这些资源,特别是在需要专业设备进行检测的执法领域,街道不仅缺乏必要的检测设备,也缺乏能够操作这些设备的专业人员,导致相关执法权形同虚设,或者在执法过程中出现专业性错误。

表1-3 执法权事项下放情况

原实施部门	所属行政管理领域	类别	数量(项)
市规划和自然资源局各区分局(南沙区分局除外)、南沙区综合行政执法局	规划和自然资源	土地管理类	16
		矿产资源管理类	3
南沙区综合行政执法局、其他区住房和建设主管部门	住房建设	物业管理、住宅室内装饰装修管理类	18
		房屋租赁管理、公共租赁住房管理、房地产经纪管理、公有房产管理类	22
		建设工程管理类	6
市生态环境局各分局	生态环境	大气污染防治、水污染防治、固体废物污染防治、环评管理类	21
		餐饮场所污染防治、环境噪声污染防治类、畜禽规模养殖污染防治类	8
各区林业行政主管部门	农业农村	林木保护、农作物保护、植物检疫类	23
		野生动物保护、动物防疫类	14
南沙区综合行政执法局、其他区水行政主管部门	水务	河湖、水库、水利工程管理类	44
		排水管理类	4

续表

原实施部门	所属行政管理领域	类别	数量（项）
南沙区综合行政执法局、其他区农业农村主管部门	卫生健康	公共卫生管理类	15
		职业病防治类	9
		医疗管理类	8
南沙区综合行政执法局、其他区卫生健康主管部门	城市管理领域	城市设施养护、市容环境、生活垃圾及建筑垃圾管理类	193
		燃气管理类	63
		城乡规划、历史文化名城保护、人防管理类	30
		白云山风景名胜区保护类	9

执法权的下放并未同步匹配执法资源的下沉，镇街层面的人力、财力、物力资源与新增执法权之间存在明显的非对称性。C街道的执法人员反馈："C街道综合行政执法办包括城管执法队、安监环保中队、打假办等线口，在岗共有34人，其中行政执法编制12个，在岗5人，借调6人，缺编1人；辅助执法人员共28人，人员在位情况与区要求差距较大，辅助执法人员共缺33人。"（2023SYL01）C街道频频出现执法人员因工作压力过大而辞职的现象。但为了控制基层财政支出，加之人事权不归属街道，人员招聘一般采取"退3补1"或"退2补1"模式，导致执法人员总量呈现下降趋势。执法车辆数量和相关经费也难以满足实际执法需求。镇街执法部门缺乏必要的资源支持将直接导致执法效率和质量的降低，并使执法人员长期处于超负荷工作状态，无法有效履行执法职责，且应急处置能力受限，难以应对突发事件及重大案件，影响基层社会的基本稳定。

之前我们使用四轮车辆进行工作，现在我们积极适应变化，主要依靠电瓶车来完成任务。虽然电瓶车数量有限，但大家积极协调资源，有时甚至会自发使用私家车以确保各项工作的顺利进行。这种灵活性和团队合作精神帮助我们在资源有限的情况下继续高效地服务社区。（2023SYL10）

3. 压力型监督与选择性执法

执法监督机制在维护执法公正、提升执法效能和增强执法透明度等方面扮演着关键角色。然而，当前执法监督体系在实际运作中呈现出"压力型"特征，这在基层综合行政执法部门得以明显体现。据调查，C街道综合行政执法办的执法工作会接受日常和年度双重考核，考核指标以可量化的工作量为主，如拆除违法建设的平方数、流动摊贩巡查数等，根据不同模块的执法工作量进行相应的排名，并对其工作质量进行抽检。在日常工作中，执法人员需要在严格的时限内处理实时下发的工单，但分散的工单也时常会打乱执法人员原有的工作计划和节奏，导致执法人员的注意力分散，降低整体工作效率，且过度关注考核指标、追求排名和表面化的工作成果往往致使忽视执法工作的实质性内容和效果。执法人员会倾向于处理容易完成、重点考核的案件，复杂、耗时但同样重要的执法任务可能被搁置或敷衍了事。

信息化和数字技术为我们提供了提升工作效率的工具。我们正在努力优化这些工具的使用，以确保它们真正服务于我们的工作流程。派工单的使用帮助我们更系统地管理任务，通过优先级的合理安排，我们可以有效地处理紧急和重要的事项。我们也在不断反馈和调整，以确保技术手段与实际需求相匹配，从而实现更高效的工作节奏和成果。（2023SYL01）

（二）外源性成因

1. 基层执法环境的复杂性

基层执法环境的复杂性主要体现在空间维度和事务维度两个层面，这种复杂性对执法工作提出了严峻挑战。

一方面，镇街内部空间布局复杂，部分区域难以通过常规地图定位。这便要求执法人员具备非依赖工具性的精准定位和识别能力，避免执法对象或地点的误判。据经历过多次拆违行动的队员指出：

在处理城中村的拆违工作时，我们面对着复杂的环境和多样的建筑风格。每个巷子都有其独特性，房屋也可能来自不同的年代和批次。这为我们的工作带来了挑战，同时也提供了细致规划和执行的机会。我们注重准确无误地定位每一个目标建筑，确保拆除工作的准确性，并避免误拆。通过细致的准备和核查，我们努力提升工作的精确度，同时积极与居民沟通，以获得他们的支持和理解。（2023SYL01）

精准执法的要求与空间识别的困难往往会形成矛盾，增加执法失误的风险。

另一方面，包括执法领域的多样性，即基层执法涵盖公共安全、交通管理、环境保护、市场监管等多个领域，每个领域都有其特定的法规、政策和执法标准，这便要求执法人员具备跨领域的知识储备和持续学习能力；执法对象的异质性，亦即在知识结构、法律意识、社会地位等方面存在显著差异，这便要求执法人员具备灵活的沟通策略和处置技巧；执法情境的动态性，执法过程中可能面临复杂的社会关系网络和突发情况，执法人员需要在维护法律权威和化解社会矛盾之间寻找平衡点。

一次处理邻里纠纷事件：

在处理邻里之间因违法建设引发的问题时，我们面临一些挑战。两家住户都有封闭公用走廊的行为，为了确保建筑安全，我们需要仔细核对原始设计图纸，以确认没有涉及承重墙的改动。虽然过往与他们有过一些不愉快，但我们努力以开放的心态进行沟通，促进相互理解。面对他们在消防通道堆放杂物的情况，我们与物业密切合作，积极开展清理工作。在此过程中，我们始终保持冷静，并寻求和平的解决方案，以确保社区的安全和谐。（2023SYL01）

复杂的执法环境对基层执法人员提出涉及知识技能、沟通协调、判断决策、心理抗压，以及调整资源等方面的多重挑战。

2. "搭便车"执法与个人困局

在"属地执法"的城市管理综合行政执法模式下，跨部门协作是基层执法工作的重要特征。然而，这种协作机制在实践中呈现出明显的低效性和不稳定性，主要表现在部门合作的消极。如表现出对联合执法的抵触情绪，倾向于规避可能引发麻烦或投诉的执法行动，导致执法过程中出现"搭便车""和稀泥"现象，即采取折中或回避的方式处理问题，而非严格执法。部门间过往关系的影响，过往与镇街执法工作关系不密切或不友好的部门，其合作意愿普遍较低。

在一次执法办与街道派出所、消防队等部门协作执法过程中：

在处理此类复杂的事件时，我们认识到跨部门合作的重要性。尽管在某些情况下，协调可能面临挑战，但我们致力于加强与各部门的沟通与协作，建立更加顺畅的合作机制。我们相信，通过提升各方的业务水平和合作意识，可以实现更有效的资源整合和问题解决。我们也期待各部门在未

来能够更加积极主动地支持彼此，为社区营造一个更加和谐、安全的环境。（2023SYL01）

基层执法人员面临多重角色冲突和风险，包括公职履行与自我保护的矛盾、量化指标与执法质量的平衡，现场执法风险和潜在的职业法律责任，加之执法环境的复杂性和不确定性，加上证据收集和自由裁量权使用的限制，进一步加剧了这些个人困局。

在一次执法冲突的事后，执法队员表示：

在工作中，我们始终重视自我保护和证据留存，以确保在执行任务时的透明和公正。这种做法不仅是为了保护自身权益，也有助于化解误会和争议。我们理解在执法过程中，责任和权力需要保持平衡，以确保各方的公平对待。我们希望通过不断优化工作流程和加强沟通，进一步提升执法工作的透明度和公信力。同时，我们也期待公众能够更多地理解和支持执法人员的工作，共同维护社会的和谐与安全。（2023SYL01）

再有队员反馈：

在执法过程中，我们拥有一定的自由裁量权，以便根据具体情况选择适当的处罚力度。我们致力于在优化营商环境的同时，保持执法的公平和公正。我们认为，对于主动配合的个体可以给予较轻的处罚，而对于态度不合作情况的则需要采取更严厉的措施。目前，我们正在探索如何更有效地在案卷中体现这些考量因素，以便在财务检查、审计和其他监督过程中得到更好的理解和支持。通过加强沟通和反馈机制，我们希望与上级部门共同努力，确保执法过程中的信任与合作。（2023SYL01）

六、政策建议

（一）理顺权责关系，优化执法配置

执法权下放应与基层实际需求及能力相匹配，则需理顺科层权责关系，构建动态适应、权责明晰的执法体系。一方面，上级部门应持续评估各镇街的执法权承接情况，根据实际情况动态调整下放的执法事项；另一方面，对于基层难以有效承接的执法权，应考虑回收或提供更多支持。与此同时，应明确各级政府部门在执法过程中的责任边界，避免责任模糊或过度下放。此外，应优化执法资源配置，重点加强工作量大的执法领域

（如城管）的人员配备，确保各执法线口的资源与其实际工作负荷相匹配。

（二）匹配执法资源，搭配协同执法

执法权下放应伴随相应资源的配套下沉，遵循"权随事转、费随事转"。上级部门应根据各镇街的实际情况，增加执法人员编制，提供必要的执法硬件设备，并确保专项执法资金及时到位。同时，构建弹性化的人力资源管理机制，赋予镇街更大的人事自主权，以适应执法工作的动态需求。此外，应强化跨部门协作的制度化机制，明确各部门在联合执法中的职责，建立有效的激励和考核机制，鼓励积极参与协同执法。同时，考虑设立跨部门的协调机构，统筹各方资源，提高联合执法的效率。

（三）数智链接上下，重塑执法流程

充分利用现代信息技术，构建贯通上下级的执法信息平台。该平台应实现执法信息的实时共享，便于上级部门及时掌握基层执法动态，为决策提供依据。同时，利用大数据分析等技术，优化执法资源配置，提高执法精准度。重塑执法流程，减少不必要的行政环节，提高执法效率。例如，开发智能执法应用程序，使执法人员能够在现场快速查询法规、记录执法过程、上传执法数据等。此外，应加强对基层执法人员的数字素养培训，提升其数字化能力。通过这些数字化措施，不仅可以提高执法效率，还能增强执法透明度，提升公众对执法工作的信任度，实现技术赋能下的执法现代化。

参考文献

［1］徐行，刘娟. 行政审批权力下移与政府治理方式的转变：以当前我国扩权强县政策为中心的研究［J］. 理论与现代化，2011（6）：35－39.

［2］杨丹. 综合行政执法改革的理念、法治功能与法律限制［J］. 四川大学学报（哲学社会科学版），2020（4）：138－149.

［3］广州市深化综合行政执法体制改革［EB/OL］.（2020－02－26）［2024－06－01］. http://gzbb. gov. cn/gzbb/xztzgg/gzstzgg/2020/02/

26/13083. htm.

［4］广州市人民政府关于镇街综合行政执法的公告［EB/OL］.（2021 - 07 - 08）［2024 - 06 - 01］. https://www. gz. gov. cn/zwgk/fggw/szfwj/content/post_7370170. html.

［5］陶振. 大都市管理综合执法的体制变迁与治理逻辑：以上海为例［J］. 上海行政学院学报，2017，18（1）：34 - 43.

［6］叶贵仁，蔡龚涛. 综合行政执法改革过程中的多维结构变迁与能动者策略［J］. 理论与改革，2024（1）：152 - 165，168.

［7］青锋. 行政处罚权的相对集中：现实的范围及追问［J］. 行政法学研究，2009（2）：10 - 15.

［8］张步峰，熊文钊. 城市管理综合行政执法的现状、问题及对策［J］. 中国行政管理，2014（7）：39 - 42.

［9］金晓伟. "基层一支队伍管执法"：制度逻辑、实践探索与规范路径［J］. 治理研究，2023，39（4）：93 - 107，159.

［10］李威利，沈大伟. 治权下沉：城市街道执法体制改革的多城比较［J］. 上海行政学院学报，2023，24（5）：69 - 77.

［11］郭胜习. 综合执法权下沉乡镇街道的实践样态、现实困境与法治回应［J］. 行政法学研究，2024（4）：136 - 146.

［12］庞明礼，陈念平. 城管执法尺度拿捏的策略及机制研究［J］. 城市问题，2020（4）：72 - 82.

［13］印子. 突破执法合作困境的治理模式辨析：基于"三非两违"治理经验样本的分析［J］. 法商研究，2020，37（2）：18 - 30.

［14］刘昕，刘颖，董克用. 破解"城管困境"的战略性人力资源管理视角：基于对北京城市管理综合执法队伍的调查研究［J］. 公共管理学报，2010，7（2）：37 - 45，124.

［15］韩志明，张朝霞. 合作是如何建构起来的？：以城管执法为中心的技术分析［J］. 公共管理与政策评论，2020，9（5）：19 - 31.

［16］甘霆浩. 资源依赖与保护性执法：基于基层土地执法机构运作的解释［J］. 思想战线，2017，43（4）：123 - 135.

［17］吴克昌，关飞洲. 街头官僚运动式执法的动员机制：基于广州市A街道流动摊贩治理问题的探讨［J］. 湘潭大学学报（哲学社会科学版），2018，42（2）：25 - 32.

［18］ 李智超，于翔. 基层政府的组织结构何以"另起炉灶"?：以 T 镇政府的"工作线"为例［J/OL］. 广西师范大学学报（哲学社会科学版）：1－13［2024－06－28］. http://kns. cnki. net/kcms/detail/45. 1066. C. 20230920. 1111. 002. html.

［19］ 赖先进. 集成型组织：基层政府治理新结构的生成逻辑与调适机制［J］. 党政研究，2023（1）：84－92，127.

［20］ 叶敏. 城市基层治理的条块协调：正式政治与非正式政治：来自上海的城市管理经验［J］. 公共管理学报，2016，13（2）：128－140，159.

［21］ 白钰. 基层治理政策执行组织结构碎片化的表征与系统性矫治［J］. 领导科学，2022（1）：106－109.

［22］ 吴春来，赵晓峰，李立. 条块关系与基层执法权属地化的结构困境：Y 镇"乡镇综合行政执法"的个案分析［J］. 中国行政管理，2022（9）：50－59.

［23］ 王丛虎，乔卫星. 基层治理中"条块分割"的弥补与完善：以北京城市"一体两翼"机制为例［J］. 中国行政管理，2021（10）：49－56.

［24］ 王丛虎，刘卿斐. 城市管理综合行政执法模式与适用研究：基于基层高绩效执法组织的构建［J］. 中国行政管理，2017（12）：60－65.

［25］ 岳经纶，吴永辉. 城市基层行政组织的制度调适：一个"主体需求—制度结构"的分析框架：基于深圳市 Y 街道的实践［J］. 行政论坛，2023，30（5）：81－89.

［26］ 汪锦军. 浙江政府与民间组织的互动机制：资源依赖理论的分析［J］. 浙江社会科学，2008（9）：31－37，124.

［27］ 陈柏峰. 乡镇执法权的配置：现状与改革［J］. 求索，2020（1）：95－105.

［28］ 罗伯特·K. 殷. 案例研究设计与方法［M］. 周海涛，李永贤，李虔译，重庆：重庆大学出版社，2010.

第❷部分

2022 年研究联盟课题研究优秀成果

广州市在城市治理现代化进程中，通过数智化赋能，积极推进镇街全域服务治理、城管新基建和标准化建设，形成了相互支撑、相互促进的综合治理体系。镇街全域服务治理作为广州市落实城市治理体系和治理能力现代化的重要举措，通过数智化技术的赋能，有效应对了老旧社区、城中村、城乡接合部和城市名片等复杂的治理场景，提升了基层治理的精细化水平。未来，通过不断创新和实践，广州市有望在实现"老城市新活力"和"一网统管"的战略目标上继续走在前列，为其他超大城市的治理创新提供宝贵的经验和参考。

镇街全域服务治理的价值、困境和路径

姚 军 王 昶 王妙妙 袁立超 谢昕琰 郑文强
（广东财经大学公共管理学院）

摘要： 镇街全域服务治理是广州市近年来落实习近平总书记"创新思路推动城市治理体系和治理能力现代化"的重要举措。基于城市治理在理念、模式和手段等方面的不断革新，广州市以全市 18 个镇街（片区）作为第一批试点单位开展全域服务治理，试点工作全面涵盖了广州市城市治理的绝大多数具有典型特征的场景，包括老旧社区、城中村、城乡接合部、城市名片等，这种治理情境的复杂性为全域服务治理工作的推进带来了诸多的挑战，也同时为超大城市的治理创新之路提供了有益的实践经验和重要的价值启示。

关键词： 镇街全域服务治理；价值；困境；路径；广州

一、研究背景与问题

（一）研究背景

城市是国家建设的"火车头"，是现代化建设的"重要引擎"。贯彻落实党的二十大精神，需要坚持不懈地推进中国式城市治理现代化。习近平总书记明确指出，要提高城市治理现代化水平，开创人民城市建设新局面[1]。镇街全域服务治理是广州市近年来落实习近平总书记"创新思路推动城市治理体系和治理能力现代化"指示的重要举措，是一次深化国家治理体系与治理能力现代化战略的创新探索。基于对城市治理理念、模式和手段等方面的不断改革和创新，广州市自 2021 年 11 月起以全市 18 个镇街（片区）作为第一批试点单位开展全域服务治理，致力于让人民有更多获得感，为人民创造更加幸福的美好生活。镇街全域服务治理取得了显著的成效，全面推动了广州市城市治理的科学化、精细化和智能化，在"人民城市"的建设之路上迈出了坚实的一步，也为超大城市的现代化治理带来了新气象和新局面[2]。

全域服务治理是一种城市治理的全新模式，指的是全区域、全周期、全要素的服务治理。即根据实际情况将部分政府行政管理和行政执法以外的服务性、事务性工作委托给第三方服务企业实施，让企业承担城市管理"大管家"的角色，通过盘活闲置公共资源和导入产业等方式，在政府不增加财政负担的前提下，让企业自我"造血"提高营收，向市民提供高质量公共服务的同时也为基层政府减负，实现降本增效的目的。这一模式以镇街为推进主体，能够旨在形成一套政府、企业、市民互利共赢且共建共治共享的长效治理格局。

从当前镇街全域服务治理试点区域推进的实际情况来看，在全区域、全周期、全要素的服务治理方面已经形成了探索超大城市治理的实践路径和工作成效，具体包括超大城市智慧治理精细化品质化的"白云样本"、共建共治共享的社区治理"沙面"样板、广州塔景区"星火模式"的红色样板、"电梯托管"服务模式的越秀样板等。各个试点镇街从不同的切入点出发进行积极探索，通过全域服务治理加快实现老城市新活力，助力创建美丽、绿色、智慧、活力、幸福社区，不断提升市民群众获得感、幸福感和安全感。目前，镇街全域服务治理的试点工作已经全面涵盖了广州市城市治理的绝大多数具有典型特征的场景，包括老旧社区、城中村、城市名片和城乡接合部等。这种治理情境的复杂性为全域服务治理工作的推进带来了诸多的挑战，也同时为超大城市的治理创新之路提供了非常有益的实践经验和重要的价值启示。

（二）研究问题

基于以上研究背景，本课题的核心研究问题主要包括以下三个方面：首先，在镇街全域服务治理的价值上，如何在宏观上全面把握镇街全域服务治理的总体价值格局，以及这样的治理举措具有什么样的具体实践意义？其次，在镇街全域服务治理的困境及根源上，如何基于对当前广州镇街全域服务治理实践的调查研究，准确指出当前镇街全域服务治理的推进面对什么样的困境，造成这些困境的根源又是什么？最后，在镇街全域服务治理的路径上，如何精准地针对当前镇街全域服务治理中的现实困境，提出具有系统性、可行性、长效性的对策建议？

二、镇街全域服务治理试点的实践现状

（一）调研概况

为充分了解镇街全域服务治理试点的实践现状，解决本课题的研究问题。课题组于 2022 年 7—8 月全面开展了对广州镇街全域服务治理第一批试点工作的实地调研，调研区域包括了从化区鳌头镇潭口村、荔湾区沙面街道沙面街、荔湾区桥中街道坦尾片区、南沙区南沙街道蕉门河社区、越秀区大塘街道、黄埔区鱼珠街道、花都区新华街道旧人大小区、白云区三元里街道、天河区天河南街道、增城区增江街道东湖社区、增城区荔城街道富鹏社区等 11 个全域服务治理的试点区域（表 2-1）。

表 2-1　课题组调研的试点区域与参与人员概况

调研试点区域	调研参与人员
从化区鳌头镇潭口村	从化区城管局 1 人、鳌头镇执法大队 1 人、课题组 7 人
荔湾区沙面街道沙面街	沙面街道 3 人、课题组 8 人
荔湾区桥中街道坦尾片区	荔湾区城管局 2 人、桥中街道 2 人、课题组 8 人
南沙区南沙街道蕉门河社区	南沙街道 2 人、蕉门河社区 1 人、课题组 8 人
越秀区大塘街道	大塘街道 2 人、越秀区城管局 1 人、课题组 8 人
黄埔区鱼珠街道	鱼珠街道 2 人、课题组 8 人
花都区新华街道旧人大小区	花都区城管局 3 人、愿景和家公司 1 人、课题组 8 人
白云区三元里街道	白云区城管局 3 人、城市空间公司 2 人、课题组 8 人
天河区天河南街道	天河南街道 2 人、越秀物业公司 2 人、课题组 8 人
增城区增江街道东湖社区	增城区城管局 3 人、润高公司 2 人、课题组 8 人
增城区荔城街道富鹏社区	增城区城管局 3 人、润高公司 2 人、课题组 8 人

在调研过程中，课题组与各个试点区域的全域服务治理相关参与主体，包括镇街、社区、村两委、企业等开展座谈交流，与相关负责人进行深度访谈并进行现场踏勘。调研的内容主要包括：一是确认试点区域的工作现状；二是深入了解镇街在全域服务治理各个层面的支持上所面临的主要阻力和困难；三是全面了解当前试点企业在完成治理目标的实践中所遭遇的瓶颈和相应的需求。在此基础上，为充分把握和进一步分析当前广州市镇街全域服务治理试点的实践情况奠定扎实的基础。

（二）镇街全域服务治理的主要试点举措

从 2021 年 11 月开始至今，镇街全域服务治理的试点工作取得了长足进展。基于课题组在调研过程中所收集到的资料，依照镇街全域服务治理在治理场景上的不同类型，可以从老旧小区、城中村、城市名片和城乡接合部四种不同治理场景的角度来针对性的梳理当前镇街全域服务治理的主要试点举措。

1. 老旧小区治理场景下的主要试点举措

随着我国城镇化的快速发展，城市发展正逐渐从"新区开发的增量发展"转向"城市中心重构的存量挖掘"。以"存量"为基础的城市更新，重视人居环境的改善和城市活力的提升，强调城市综合治理和社区内生发展，而老旧小区的改造提升与管理运营则是重要方向之一。2020 年 7 月，国务院《关于全面推进城镇老旧小区改造工作的指导意见》指出，未来将按照高质量发展要求，大力改造提升城镇老旧小区，改善居民居住条件[3]。随后，广州市针对老旧小区改造提升与管理运营发布了多项政策，持续探索超大型城市有机更新实现高质量发展的新路径。在此背景下，广州市镇街全域服务治理瞄准老旧社区这一治理场景，选择越秀区大塘街道、黄埔区鱼珠街道、花都区新华街道、天河区天河南街道等进行试点工作。试点单位结合自身情况，积极探索专业化、规范化的老旧小区治理模式。

（1）引入社会资本，拓展公共停车空间

广州市老旧小区普遍存在公共空间稀少、停车位不足等问题，严重影响老旧小区居民的日常交通出行。为解决这一问题，试点镇街引入专业化的物业公司，让企业承担起老旧小区管理"大管家"的角色，通过多措并举、疏堵结合的方式，针对性地破解了老旧小区交通管理混乱的问题。

主要做法包括：一是资源共享，错峰停车。物业公司对老旧小区内可利用的停车位资源进行底数摸查，积极与小区内企事业单位沟通协调，在现有的基础上努力实现车位共享。如黄埔区鱼珠街道瓦壶岗试点小区物业公司积极和辖区内的第一二三中学、第八十六中学中进行友好协商，实现错峰停车，改善出行交通体验。二是引入社会资本，建设立体停车场。花都区新华街道通过对公共区域的摸排调查、实地考察和调研论证，制定立体停车场特许经营的改造方式，引入物业公司投资建设及运营。目前改造工作进展顺利，立体停车场的建成将有效拓展居民公共空间，极大地方便了小区居民的日常出行。三是智慧停车，规范管理。原来老旧小区无正规物业管理，车辆乱停、乱放情况严重，越秀区大塘街道引入的物业公司在老旧小区开启"智慧停车"系统，以规范老城区停车秩序，提升城市治理水平和城市形象。

（2）全面立体改造，改善老旧基础设施

老旧小区大多占据城市核心地段并享有相对便利的城市生活服务可达性。但是从整体上看，呈现出公共服务配套设施老化、道路不平整、外立面破旧、安全设施不到位等现实问题。对此，试点镇街强调将服务治理贯穿城市规划、建设、管理、养护等全过程，所引入的物业公司也结合老旧小区改造、城市更新等政策，用整体思维推进加装电梯、管网改造、外墙修缮等改善老旧基础设施工作，优化老旧小区硬件形象，提升老旧社区居住体验。如花都区新华街道结合老旧小区改造、城市更新、智慧城市建设和新基建等工作，采取"政府投资＋社会资本投资"的模式，对人车分流、外墙脱落、上下水道老化等基础问题实施改造。越秀区大塘街道则积极推进老旧小区微改造项目，通过全面立体改造，完善基础设施配套，从而有效地提升了老旧小区人居环境生活质量。

（3）问计问需于民，打造高品质居民生活

长期以来，由于居民思想观念、生活习惯以及居住区域的历史遗留问题等，试点区域的老旧小区大多处于无物业管理的状态，其卫生、绿化、治安、文明等方面已不能满足居民日常生活所需。针对老旧小区物业管理缺失的难题，试点镇街通过引入高水平的物业管理企业向居民提供高质量的服务，并强化一系列长效管理的措施，努力提升居民幸福感、获得感，具体包括：一是因地制宜、服务到位。如黄埔区鱼珠街道在实施全域服务治理的过程中，积极通过问卷调查、座谈研讨等多种形式了解瓦壶岗老旧小区居民的需求，同时物业公司通过与街道相关部门的反复论证和规划，努力打造普惠性与个性化深度结合的服务方案，确保服务内容能够契合居民意愿。二是加强宣传、转变思想。街道和居委会通过对居民进行有效的正面引导，让居民逐渐熟悉、理解、接受和支持物业管理。与此同时，物业公司以服务换取认同，通过实际行动减少居民在物业管理认知上的偏差，从而更理性、更客观、更积极地参与老旧小区治理工作。

2. 城中村治理场景下的主要试点举措

城中村问题是我国城市化过程中遇到的突出问题之一。广州市作为中国城中村数量最多的城市之一，如何在实现城市高质量发展的重要战略背景下对城中村进行有效的改造，是一个困扰城市管理者的重要问题。2020年9月，广州市发布的《广州市深化城市更新工作推进高质量发展的工作方案》特别提出对城中村进行改造，以保障城市持续竞争力和良好营商环境，加快实现老城市新活力。广州市镇街全域服务治理以提升城中村治理水平为抓手，在白云区三元里街道、荔湾区桥中街道展开试点。试点镇街充分运用物业公司的资源和服务优势，逐步补齐城市管理"短板"，并积极结合自身情况，努力探索环境卫生、城市秩序、综合治理等多个维度的治理工作，从而实现了经济效益与社会效益的双重提升。

（1）以环境卫生为抓手，构建智能化保洁新模式

由于租金便宜、生活成本较低，城中村往往聚集大量外来人口，时常伴生着环境脏、乱、差的问题，严重影响了城市环境品质。全域服务治理的部分试点镇街通过运用物业公司在人居环境改善等方面的专业化优势，摸索出适应城中村环卫状况的智能化保洁新模式，具体包括：一是引入智慧平台实现精细化管理。白云区三元里街道对过去粗放的保洁管理模式进行革新，充分依托智慧化城市管理平台对环卫工人实施统一编码，实行工牌制度的管理办法，积极打造一支"智慧大物管"环卫队伍。二是推进流程管理提高工作效率。白云区三元里街道在街道智慧运营调度中心建设的基础上，合理规划和设计每位环卫工人的工作，要求环卫工人团队彼此分工合作、相互配合，实现环卫工人智慧调度，避免盲区，共同提升环卫作业质量和效率。三是加强严格考核和规范监督。白云区三元里街道积极融入先进的科学技术手段，对环卫管理所涉及的人、车、物、事等进行全方位的巡查并及时记录巡查情况，从而快速响应和处置环境卫生死角，实现环卫保洁降本增效，在破解城中村环境治理难题上取得了良好的成效。

（2）构建社会治安防控体系，实现安全保障无缝隙

城中村不仅是一种房屋形态，也是一种社会形态。为改变城中村人流混杂、治安混乱的现状，试点街道在城中村治理中运用科技防控等网络建设，联合物业公司推行多方治安管理，促成了社会面治安总体状况的持续改善，具体包括：一是优化防空布局，构建社会治安防控体系。荔湾区桥中街道积极协调物业企业参与治安治理，以桥中南路作为突破口，在内街巷和工业园等区域增加路灯监控设施，有效提升外来人口管理工作，大大加强了居民的安全感。白云区三元里街道则结合传染病防控政策，联合物业公司在城中村各个出入口设置智能闸口，往来人员出示绿码并进行人脸识别方可进入，有效地实现城中村安全秩序的维护。二是建立信息上报与反馈机制。白云区三元里街道携手城市空间公司积极探索和推进"智慧物管"，将物业公司规范化的管理能力与城中村居民对治安的诉求充分结合，建立常态化巡查防控机制，实现安全保障无缝隙管理。如在出租屋安全管理方面，三元里街道改变过去依靠纸质登记表进行"洗楼"的方式，在智慧大物管平台上融入综治、房管、安全检查多方面要求，开发城中村栋长与租户的"母码＋子码"的出租屋管理方式，多方联动夯实社会面治安的基础。

（3）鼓励居民积极参与，推进城市管理多方共治

城中村改造工作的成功不仅需要依赖各级政府的统筹协调和物业公司的专业支持，更需要城中村村民和村集体的热心参与。全域服务治理的试点镇街强调在积极探索城中村治理模式的基础上，尊重村民和村集体在城中村改造中的主体地位，真正践行城市管理以人为本、以人民为中心的理念。例如，白云区开发了"云报事"小程序，鼓励居民"随手拍""随时传""随时查""随时评"，从而搭建了一条试点街道、试点企业和试点区域居民良性互动的桥梁，实现居民在发现问题、跟踪处理、效果评估等环节的深度参与。增城区荔城街道富鹏社区则依托垃圾分类的数字管理平台，通过积分兑换小礼品等具体方式，充分调动居民参与城中村环境卫生管理的积极性，实现环境治理效率与居民体验的双重提升。

3. 城市名片治理场景下的主要试点举措

广州作为国际大都市，是粤港澳大湾区的重要门户城市之一。镇街全域服务治理的落地与实践，不仅有利于提升城市精细化管理水平，满足人民群众对美好生活的向往，还有利于高质量、高标准打造广州"城市名

片"。"城市名片"指的是能够充分反映当地文化特色，代表城市品牌形象的特色景致、标志性建筑、知名区域等。因此，广州市在荔湾区沙面街道沙面街、南沙区南沙街道蕉门河社区等地进行全域服务治理试点工作，鼓励企业参与城市运营，实现融合发展创收，最终反哺城市公共空间建设，实现公共资源价值最大化开发。

（1）精致设计，提升公共空间品质

全域服务治理模式在理念上强调从城市治理的空间、时间、内涵深度三维度打造城市"新生态"。因此试点街道基于自身基础条件和发展趋势，精致设计、整体规划、统一布局，积极主动引进社会资本和企业资源等，通过市场化手段进一步改善街区面貌、提升街区品质。如荔湾区沙面街道沙面街有五十多种国家级文物，岛上保留了众多近代西方欧陆建筑群，有"露天建筑博物馆"的美誉。然而该社区由于常住人口较少，一直没有正规物业公司进行管理。为了给岛上居民和游客提供专业化、规范化的城市服务，沙面街道启动全域服务治理试点，引入保利物业作为"大管家"，共同打造传统文化和现代文化在老城区交融发展的新文化地标。再如，南沙区南沙街道作为人工智能、物联网、新能源汽车等高新技术人才的聚集地，街道内的蕉门河社区有常住外籍、港澳台居民近千名。南沙街道将全域服务治理工作与国际化街区试点建设工作相结合，在街区规划设计以及业态引入方面，采取整体规划、统一布局，助力南沙区打造高质量、国际化的城市发展标杆。

（2）精细管理，全面增强街道活力

全域服务治理强调不增加现有财政负担，鼓励整合政府各个条线资源，通过企业为城市空间提供集约化服务。这就意味着需要有效抓住城市治理的核心问题，将分散的资源进行有效的盘活和整合，使其发挥最大效率。试点街镇的物业企业由此通过精准把握诉求、精准回应问题，为各个环节的管理工作提供明确指导，有效提高管理工作成效，增强街道活力。例如荔湾区沙面街道拥有丰富的文化资源，客流密集，存在着文化旅游与居民生活功能交织的特点，这就对安全稳定维护、交通环境秩序等提出了更高的标准。随着全域服务治理的深入开展，沙面街道所引入的保利物业公司不仅为街道提供了包括保洁、安保、三防、消杀等服务，还在节假日积极参与岛上交通的指挥、分流和引导，有效提升沙面岛整体形象。

（3）精心服务，提升公共服务水平

城市名片的建设，不仅仅是对街区配套设施的完善，更需要进一步强化街区的服务能力和自治能力。全域服务治理要求参与的企业为街区提供高质量、精细化的城市服务，在满足保洁、安全、秩序等基层治理服务事项的基础上，提前布局教育、文化、医疗等公共服务管理等，从而完善和提升居民的生活质量。例如南沙区南沙街道在建设国际化社区的过程中，注重城市管理服务的细节和品质，通过多渠道了解外籍居民的问题和需求，制作涉外办事流程手册，解决外籍居民多样化、个性化的实际需求与问题，努力为街区内居民提供精益求精的服务体验。

4. 城乡接合部治理场景下的主要试点举措

党的十九大提出要"建立健全城乡融合发展体制机制和政策体系"，这表明了不断创新和完善城乡基层治理理念、治理模式、治理手段是推进基层治理现代化的根本动力[4]。作为国家级中心城市，广州客观存在着发展不平衡不充分的问题，特别是市区周边的城乡接合部一直存在着公共服务不均等、基础设施差距大、产业发展水平差异大等问题。全域服务治理强调对城市治理空间范围的全覆盖，补齐城乡接合部的治理短板和盲区，实现城乡公共服务均等化发展是这一治理模式的明确目标。因此，在探索广州这座超大型城市的基层治理方式过程中，广州市镇街全域服务治理高度重视城乡接合部这一超大城市治理的难点和痛点，选择从化区鳌头镇潭口村、增城区增江街道东湖社区等地进行试点工作，努力促进城乡融合发展，实现乡村振兴和农业农村现代化。

（1）补齐农村资源短板，促进基础设施提档升级

城乡接合部由于其自然地理原因，基础设施建设涉及面广，在公共设施养护、市容环境卫生等领域难以实现精细化、标准化、专业化的管理。面对城乡接合部居民日益增长的美好生活需要，全域服务治理的试点镇街通过吸引大中型企业持续地、有规划地、积极地参与乡村基础设施的建设，从规划设计、投入机制、管护机制等方面全面实现对农村基础施设的提档升级。如从化区鳌头镇与广州环投集团展开合作，探索全域服务治理的可行模式。鳌头镇依托广州环投集团在循环经济与环境保护方面的优势，加快推进试点区域在环卫保洁、水环境整治等重点项目的进展，并持续关注城乡接合部的绿色可持续发展，积极追求设施环境与人文环境的双提升。

（2）积极引入社会资本，构建基层多元治理格局

作为大城市周边的城乡接合部，部分街镇承载着农村功能向城市功能过渡的重任。对于这样的治理场景，试点镇街因地制宜的探索市场化方式，尤其在产业规划与建设方面，通过政府引导、激励扶持、政策优待等方式吸引市场主体，让城乡接合部的各类主体均能发挥积极重要作用，由此实现资源及能力的互补合作，构建共建共治共享的基层社会治理新格局。如增城区增江街道东湖社区通过和润高公司合作，深挖试点区域的闲置资源和发展潜力，积极布局市场化的资源运营方式，开展如充电桩、洗车场、奶站等经营性设施的建设，培养居民消费者付费习惯，通过支持企业"自我造血"的方式使其获得长效收益，从而反哺城乡接合部公共服务的供给水平。

三、镇街全域服务治理的价值表现

2020 年 10 月，习近平总书记在深圳经济特区建立 40 周年庆祝大会上的重要讲话中强调，要树立全周期管理意识，加快推动城市治理体系和治理能力现代化[5]。广州市镇街全域服务治理正是在贯彻习近平总书记这一重要讲话精神的基础上，所开展的一次超大型城市治理的重大改革和创新[6]。历史经验告诉我们，深入的改革必然呼唤系统、全面的价值思考。基于寻求系统性的考虑，有必要站在高位对镇街全域服务治理的总体价值格局进行分析，并结合试点工作开展的具体情况，进一步阐明镇街全域服务治理价值在政府管理、基层治理和民生保障等方面的具体实践指向[7]，从而完整地勾勒出镇街全域服务治理价值表现的"四梁八柱"。

（一）镇街全域服务治理价值的总体格局

不谋全局者，不足谋一域。镇街全域服务治理需要着眼超大城市的规律和特点，更需要着眼于习近平新时代中国特色社会主义的历史方位。总体来看，镇街全域服务治理是一个"国家治理体系与治理能力现代化"在城市层面的创新诠释，还体现一种"政府—市场—社会之命运共同体"的发展模式，更是一次"人民城市为人民、人民城市人民建"的改革尝试。以上三种价值相辅相成、相得益彰，构成了广州市镇街全域服务治理价值的总体格局。

1. 镇街全域服务治理是一个"国家治理体系与治理能力现代化"的创新诠释

国家治理体系和治理能力现代化能否真正落实落地，关键要看基层。基层政府位于整个公共治理体系的最终端，直面社会生产生活的第一线[8]。因此，统筹推进镇街层面的治理，是实现国家治理体系和治理能力现代化的基础工程。镇街全域服务治理是国家治理体系和治理能力现代化在城市基层的再表达。从空间、时间、内涵深度三个维度出发，以镇街为主体形成一套全区域、全周期、全要素的全域服务治理体系，实现了基层治理的无死角、无盲区，贯穿了城市规划、建设、管理和生产、生态、生活全过程，是一次国家治理体系和治理能力现代化的创新诠释。这一价值，体现了镇街全域服务治理的开展基础。

2. 镇街全域服务治理是一种"政府—市场—社会命运共同体"的发展模式

党的二十大报告指出，要建设人人有责、人人尽责、人人享有的社会治理共同体。"共同体"概念的提出，体现城市基层治理各个主体的平等地位和责任共担，并在治理过程中积极主动地为整个共同体贡献自己的力量。镇街全域服务治理模式在基层治理责任共担的基础上升华为命运共担，即通过强化政府统筹、企业服务、社会参与，构建政府、市场和社会的人类命运共同体，从而使政府有形之手、市场无形之手、人民勤劳之手同向发力，形成共商、共治、共赢的良性发展模式。由此可见，镇街全域服务治理展现了广州对加强城市治理在更高标准上的战略规划。这一价值，体现了镇街全域服务治理的运作关键。

3. 镇街全域服务治理是一次"人民城市为人民，人民城市人民建"的改革尝试

习近平总书记指出，"城市建设必须把让人民宜居安居放在首位，把最好的资源留给人民"。人民城市属于人民，"人民性"是城市的根本属性[9]。镇街全域服务治理顺应改革发展新要求和人民群众新期待，运用市场化机制找准群众需求强烈的服务项目，对城市治理的各类配套资源进行有效整合并向街道社区下沉，将服务治理贯穿于城市居民生老病死、衣食住行和安居乐业的全过程，无疑是一次"人民城市为人民，人民城市人民建"的改革尝试。镇街全域服务治理通过不断推进公共服务供给的社会化、法治化、智能化和专业化，最终使人人都能享有品质生活。这一

价值，体现了镇街全域服务治理的目标归宿。

（二）镇街全域服务治理价值的实践指向

1. 政府管理指向下的镇街全域服务治理

（1）调整职责内容，重塑基层政府条块关系配置

过去的城市基层公共服务和公共物品供给通常按照"领域—任务—职能—部门"的提供途径，这种单任务的城市治理目标直接、任务明确，但也造成了治理碎片化的问题。镇街全域服务治理打破了这种市、区不同职能部门在基层治理和服务中造成的条块分割[10]，通过调整职责内容，克服本位主义，利用从部门、领域、层级和地区治理转向全区域、全周期和全要素的治理，以镇街为主体构建"横向到边、纵向到底"的"大物管、大联动"工作机制，从而重塑了基层政府条块关系配置，形成整体联动、齐抓共管的城市治理新格局。

（2）创新管理手段，改进基层政府工作运行流程

镇街全域服务治理遵循"放管服"改革下的政府管理发展规律，通过思考厘清内部工作业务关系、完善办事方式与流程、有效整合部门资源，将城市管理进行市场化和专业化改革，大大创新了管理手段。同时，镇街全域服务治理把城市作为有机生命体，把全周期管理理念贯彻到规划、建设、管理和生产、生活、生态全过程各方面，贯穿城市管理服务对象的生老病死、衣食住行和安居乐业全过程，建构优质均衡的公共服务体系，最终实现对基层政府工作运行流程的有效改进。

（3）着眼优化服务，提高基层政府城市管理水平

镇街全域服务治理强调运用数字化技术提升城市公共服务水平，坚持科技赋能基层服务和治理。通过以建设智慧社区为抓手，有序推进生态环境、公共安全、公共交通、社会治理等领域数字化、网格化、智能化升级。镇街全域服务治理着眼于优化服务，重点提升广州市老旧社区、城中村和城乡接合部的精细化管理水平，从环境卫生、绿化养护、综合治理等多个维度全面优化服务水平。通过解决重点区域的脏乱差问题，改善人居环境，有效提升镇街公共区域的管理水平和服务质量。

2. 基层治理指向下的镇街全域服务治理

（1）推进政府简政放权，做好社会主体"保育员"角色

镇街全域服务治理在积极推进政府简政放权的基础上，解决社会资本

参与城市基层治理过程中可能存在的问题，做好社会主体"保育员"角色。为吸引更多的民间资本和社会力量参与城市基层服务供给，广州市城管局推动成立广州市城市服务运营协会，整合凝聚优质公共服务社会资源。镇街全域服务治理模式通过引导企业、社会组织、市民群体参与城市治理，有效地推动公共服务从单一供给主体转变为多元供给主体。

（2）加强政府监管能力，做好市场力量"裁判员"角色

镇街全域服务治理鼓励具备实力的企业依法参与基层公共服务的供给，让基层回归管理，让服务回归专业。政府作为引导市场有效参与城市基层治理的促进者，主要担当的是对市场监管的角色，也就是做好市场力量的"裁判员"。在这一过程中，政府积极化解市场失灵风险和市场机制不健全风险，完善政府监管法治，健全组织机构，优化监管程序，强化监管问责，提高监管体系的制度能力。

（3）提高政企合作水平，做好人民群众"服务员"角色

镇街全域服务治理充分利用市场和社会主体的力量，将小区物业管理服务的边界拓宽至部分老旧社区、城中村和城乡接合部等更大的地域空间，将城市管理中可由市场经营的公共服务项目推向市场，让有资质的企业承担区域"大管家"的角色，允许其在接受有效监督的情况下运营城市公共资源、参与有偿服务、导入产业融合发展等获得营收，以政企合作的方式提供公共服务，由此做好人民群众的"服务员"，精准回应人民群众的各种需求。

3. 民生保障指向下的镇街全域服务治理

（1）打造共建共治共享格局，激发服务主体的"责任感"

多元主体的共建共治共享是新时代城市治理特征，这意味着城市治理中的管理者与被管理者之间从简单线性关系变成复杂网络关系[11]。镇街全域服务治理强调政府统筹引导、企业服务合作、社会协同发展的城市治理"新格局"。在这种格局下，政府打造城市管理运营平台，建立各主体间的无缝对接机制；优质企业承接政府相关职能部门在城市管理中的业务工作，破解多头治理难题；居民积极献策进言，通过多种渠道参与服务优化过程。最终激发服务主体的"责任感"，实现人人有责、人人尽责的治理形态。

（2）强调政府主导市场运作，加强服务内容的"实效感"

镇街全域服务治理优先考虑城中村、老旧小区和城乡接合部等基层治

理短板，通过政府主导构建平台，按照市场化原则、规范化程序，积极导入优质的第三方为群众提供生活便利，同时推动小区物业从以往仅提供物业服务"四保"（保安、保洁、保绿、保修），向全区域物管、全周期过程、全要素服务内容等相结合转变，重点关注和改善社区安全、生态环境、教育医疗等公共服务领域，加强了服务内容的"实效感"。在此过程中，政府按照建设管理一体化、经费包干化的原则，降低了建设管理行政成本，提高财政资金的运用效率。

（3）重视服务理念以人为本，提高服务结果的"获得感"

镇街全域服务治理的出发点是为全体居民提供全方位、高质量的公共服务和公共产品。镇街坚持以人为本的服务理念，通过提供平台式、集约化、系统性的城市空间管理服务，引入专业企业对弃管小区进行建设、维护，解决包括停车管理、物流快递、物业服务、水电抄表、房屋租赁托管、托老托幼等诸多生活需求在内的公共服务。同时积极调动和整合多方力量，组织居民开展有益健康的文体活动，丰富市民精神生活，促进社区人文交流，实现群众对全域服务治理的深度参与，切实提高服务结果的"获得感"。

（4）体现传染病防控治理效能，提高服务对象的"安全感"

物业公司在城市基层治理中扮演着重要作用，尤其是在传染病防控中，有物业管理的小区相比无物业管理的小区，在反应速度、人员排查、出入管控、物资保障、消毒消杀等方面都有显著优势，有效填补了基层政府人员不足，成为基层应急管理体系的有机组成部分。镇街全域服务治理模式充分肯定物业企业践行社会责任的自觉性，优先考虑消除城市无物业管理社区、老旧社区、城中村、农村等管理盲区，将城市管理中可由市场经营的公共服务项目推向市场，打包给企业来做，让有资质的物业公司承担区域"大管家"角色，有效提高基层社区防控治理效能，筑牢政府传染病防线，提高服务对象的"安全感"。

四、镇街全域服务治理的困境与根源

作为一项超大城市治理重要且深远的改革创新，镇街全域服务治理亟须建构一套行之有效的治理体系。基于课题组在调研过程中所收集到的资料，从试点区域的当前实践现状来看，当前的试点工作存在着一些较为普遍的困境，而困境的背后是全域服务治理治理体系形成所面临的一系列深层次的挑战，这些挑战总体上包含了治理观念、治理结构、以及治理机制三个方面，由此构成了进一步推进镇街全域服务治理所遭遇困境的根源。

（一）镇街全域服务治理的困境

1. 试点工作议事协调的整体难度较高

全域服务治理是一种全要素的治理，服务治理的范围涵盖《国家基本公共服务标准（2021年版）》所列的服务项目，也包括城市基层的治理项目和运营项目。这就意味着这样的治理模式势必要打破各职能部门的边界，通过有效的议事协调达到一种"横向到底、纵向到边"的超越部门边界的整体治理。目前广州市镇街全域服务治理通过成立领导小组的方式实现议事协调功能，组建了市、区、镇（街）三级全域服务治理试点工作领导小组，市城市管理综合执法局设试点办，在市、区、镇（街）三个层级进行联动。但在实际执行过程中，由于全域服务治理需要政、企、市民多方共治，尤其是涉及的业务关联众多部门，工作责任的边界较为模糊，构成了非常复杂的治理场景，市城市管理综合执法局作为统筹协调镇街全域服务治理试点工作的主要执行者，在议事协调中往往难以顺利发挥主导型力量。试点办内的成员单位也缺乏明确分工，参与程度较低，造成了较高的协调成本，由此给试点工作的议事协调造成了较高的难度。

2. 部分试点镇街的工作推进效率较低

全域服务治理以分类指导为原则，试点镇街需要因地制宜地把握试点区域的治理场景实际情况，以"先易后难，循序渐进"的方式推进试点工作。然而，在实际推进工作的过程中，部分试点镇街推进工作的效率较低，面临若干阻碍的因素，具体表现为一是有些试点镇街与区人民政府及相关职能部门不能实现有效联动，仅凭自身又难以处理推进工作所面临的问题，最后往往出现城管条线"一头热"，其他职能部门参与较弱或应付了事。或直接将工作压到社区或村，基层自治组织又缺乏相应职权或综合素质完成工作的推进，最终对全域服务治理工作的积极性下降，对进一步推进工作推带来了负面影响。二是由于不同试点镇街现实条件不同，在传统城市管理向全域服务治理转型的过程中，部分镇街面临一些必须要突破的现实瓶颈，如服务项目从原有服务供应企业向全域服务治理企业的承袭协调，或原有街道环卫站、执法队等合同制员工的工作安置。这些模式转型所产生的现实问题迟迟不能解决，在一定程度上迟滞了试点工作的推行效率。

3. 部分试点区域的资源运用状况不佳

降本增效是全域服务治理的核心要义，即要求在不增加政府财政预算投入的情况下实现治理与服务事项的高质量供给。这就意味着全域服务治理的试点企业通常需要充分运用试点区域的闲置公共资源进行运营创收，通过运营城市公共资源、参与有偿服务、导入产业融合发展等实现"自我造血"，从而降低政府购买服务成本，提升工作效能。实际上，部分试点区域目前对于资源的运用并不理想。一方面，一些试点区域基础建设较为薄弱，条件差、管养难，这使得企业必须得到更多的支持才能实现资源运用以达到收支平衡，现有的支持程度以及资源整合的水平，无论是在起步还是在后续运营阶段，均难以打消企业对于试点工作效益的忧虑；另一方面，一些权属复杂的公共资源还没有得到充分的激活和利用，如央产、军产、直管公房、企事业单位或历史遗留产权物业等。这些资源的协调推进速度较慢，导致试点工作不能达到社会效益和经济效益的双赢，未能惠及更多的市民。

4. 试点工作的社会支持未能很好地整合

全域服务治理是一种政府、企业和市民的多方共治模式，这种治理模式意味着多元行动主体的积极参与和协同运转，因此需要包括各行各业的多方力量予以支持。出于整合外部社会支持、形成全域服务治理的社会纽带的目的，广州市城市服务运营协会于2022年6月成立，旨在参与广州城市服务运营有关基础管理法规、规章草案的调研论证以及提出城市服务运营建议和对策等。同时，通过这一社会组织引导协会各成员单位主动承担社会责任，尤其在公共服务、智慧化建设和资源整合盘活上下功夫，探索具有广州特色的城市治理路径和企业可持续发展的城市服务运营模式。然而，从试点工作总体的社会支持力度来看，在全域服务治理领域的社会组织发展不理想，作用发挥也并不充分，在数量质量、社会服务、人才队伍等方面均与全域服务治理的现实需求存在一定差距，试点工作的社会支持未能得到很好的整合，这无疑不利于镇街全域服务治理的启动、发展和延续。

（二）镇街全域服务治理困境的根源

1. 治理多元主体的观念陈旧与偏差

（1）政府在工作方式上的思维偏差，降低了治理推进的效率

镇街全域服务治理推进的首要条件是要求政府针对全域服务治理这一新的治理模式有深刻且精准的认识。然而，实际的试点工作中有部分试点区域的基层政府部门仅仅照读政策文件，并未根据试点区域的实际情况进行深入解读和学习，或将学习的过程流于表面、流于形式。带来的问题是对全域服务治理的理解与其理念初衷产生差异，这成为部分试点工作推进缓慢的根源。除此之外，有些基层政府部门认知保守和思想僵化，将试点工作仅仅理解为上级相关部门强制摊派的任务，"等、靠、要"的心态明显，区领导重视不够则并未积极开展工作，待提交工作成果时将其他相关的工作列为全域服务治理的工作简报，导致了全域服务治理工作的虚化。

（2）企业在政企合作模式上的观念固着，影响了"造血"功能的发挥

全域服务治理是"党建引领、政府主导、企业主体、市民参与"的治理，主体行动者是企业。企业需要突破过往政企合作中政府购买服务的思维定式，而是在"政府盘活资源—企业自我造血"的全域服务治理理念下展开行动。有些企业认为在试点区域难以找到现成资源，会造成账务失衡，因此对运营项目"挑肥拣瘦"，这反映了企业在运营项目前仅仅估算眼前的利益得失，是一种政企合作合作模式上的观念固着。全域服务治理为企业所带来的"造血"资源，需要企业和政府共同挖掘，也需要更长的发展周期，企业应当在短期利益之外看到全域服务治理的长期价值。实际上，有不少试点区域的运营企业已实现了账务平衡甚至微利，造血功能的发挥已经步入正轨。

（3）民众在公共领域内的意识缺失，增加了协调利益的难度

社会民众不仅是全域服务治理的直接受益对象，同时也是工作开展的重要一环。这就需要试点区域内的社会民众树立一定的公共精神和集体意识，否则将大大增加全域服务治理中利益协调的难度。一些社会单位和居民群众仅仅把自身当作是被管理的对象，缺乏足够自主意识和自主服务意识，对于全域服务治理的推进采取"事不关己，高高挂起"的态度。或是已习惯原有的服务，对新的治理模式产生一定的抵触情绪，如居民已习

惯原本乱停乱放的停车模式，拒绝接受试点企业引进的规范化停车系统，再如已习惯原本集体化的区域资源营收模式，担心试点企业的市场化运营损害自身的利益。在这种公共集体领域意识缺失的情况下，"有事找政府"的惯性思想在有些居民群众中仍然根深蒂固。

2. 政府部门权责体系的结构缺陷

（1）尚且缺少全域服务治理的独立机构设计

在项目管理的角度，实体化的组织机构或者常态化的工作场景可以有效地解决条块交叉和跨部门协作等管理问题。当前镇街全域服务治理基本上是以专班或者领导小组的形式开展工作，这样不利于组织资源的横向协调和纵向分配，也难以对全域服务治理所涉及的各项服务事项进行整体协调，成为诸多现实问题存在的根源。如对于各服务事项原有购买公共服务的财政资金已形成既有的分配格局或，包括环卫保洁、治安巡逻等人员也在合同期内难以变更，以上都造成了全域服务治理在执行层面的棘手难题。若要实现政府和企业间具有可持续性的合作机制，一个针对全域服务治理的独立组织机构将会给予企业足够的信心。目前的全域服务治理领导小组往往高度依托城管部门涉及的职能范围展开协调，缺乏独立的工作抓手，那么镇街一把手对全域服务治理的注意力分配也就难以满足实际的需要。

（2）部分"区—镇街"没有形成压实的责任体系

全域服务治理是自上而下推动的一项城市治理模式创新，在目前的治理结构下，上级权威介入的程度往往决定着具体工作的执行力度。除了镇街一把手自己的偏好，区领导部门的持续性关注和问责考核是至关重要的。出于考评排名和晋升机会等组织与个人层面的动机，区级部门与镇街的联系越紧密，完成全域服务治理试点任务的执行情况就越良好。对于那些试点工作推进不到位的镇街，区领导部门往往存在权威介入不足的问题。加上在试点初期，现有城市管理考评标准未能与全域服务治理的任务要求形成良好整合，一套层层压实的责任体系没有形成。在这种情况下，部分镇街非常关注全域服务治理工作，也积极主动寻求提升全域服务治理能力的方式方法；而另一部分镇街只是将全域服务治理视作回应市级要求的规定性动作，仅仅是将原有工作进行整合汇报，或沿用已有的考核体系进行对标对表工作。

（3）相关职能部门的分工没有理顺

全域服务治理以提升民生水平的服务事项为导向，涉及的服务类型多样且涵盖了相当一大部分政府职能部门原有的职责范围。一些服务事项，如环卫保洁、广告位、停车场等，涉及至少三个部门以上的职能业务。在原有的政府权责结构下，会形成一种交叉管理，更存在一些历史遗留问题。由于全域服务治理中的相关职能部门暂缺乏明确性的职能分解，或者说试点单位对职能的划分未能理顺，使得一项工作需要不断向上协调，由此很大程度地增加了议事协调的压力，也使得全域服务治理工作的快速落地遭遇诸多困难。总体而言，全域服务治理是全区域、全流程、全周期的大管家模式，现有的政府职能部门管理模式与其并不匹配，缺乏整体性的组织架构和运作方式，以及清晰横向职能分解，构成了当前全域服务治理所遭遇困境的一个根源。

（4）全域服务治理领导小组的行政资源不足

作为对权力、责任和资源进行重新分配决策的议事协调机构，全域服务治理领导小组能够依托的行政资源较为不足。在市级层面，全域服务治理领导小组主要依托广州市城市管理与综合执法局运作，在行使权限时受到一定制约，导致诸多业务线条的职责关系不易理顺。而在区—镇街层面，全域服务治理的专班构成通常以城管部门牵头，其他部门知晓。全域服务治理专班的工作热情和效果基本取决于领导小组负责人的能力和想法。这大大限制了这一议事协调机构的工作效能，使其对资源的统筹能力不强，往往只能依赖相关职能部门的支持和配合，无法独立完成预设的工作目标。对企业而言，也一定程度降低其对全域服务治理的信心，仅仅将全域服务领导小组的工作人员看成是对接各个职能部门的中间人。长此以往，使全域服务治理的协调能力受到负面的影响。

3. 治理多元主体的联动机制不健全

（1）缺乏条块之间常态化的协调机制

参与全域服务治理各类主体的合作联动是治理可以动态持续运作的关键所在。对于政府这一相对复杂的科层结构而言，在全域服务治理的过程中，其内部各级政府条块之间持续有效的协同行动应当成为常态。而目前来看，条块之间常态化的协调与统合机制还较为缺乏，具体表现为：第一，部分试点区域反映上级政府无专项经费支持，资源受限，难以吸引试点企业参与，这是因为未能建立与财政系统协调统合的有效机制；第二，全域服务治理涉及的不仅仅是"城管条线"，更多时候也需要其他条线的配合，如试点区域的河涌管养权在区一级，若开发运营河道则需要区一级相关机构进行协调。

（2）缺乏政企之间制度化的衔接机制

全域服务治理模式使服务供给从单中心走向多中心，重塑政企关系，使企业成为除行政执法外的各类公共服务和基层治理事务的供给主体。理论而言，以企业为代表的营利组织与以政府为代表的公共组织有着根本目标的差异，因此需要有效的衔接合作机制并加以制度化，即将企业"嫁接"到公共目标上来。目前来看，此类做法的缺乏依然是一个较为普遍的现象。如某些企业依然将全域服务治理视为一个公共服务外包的项目，在与政府具体事务的对接时缺乏远景视野，造成全域服务治理进一步推进的困难。再如部分试点镇街对于政企之间的衔接和合作机制不够重视，并没有与试点企业间建立稳定有效的沟通机制。

（3）缺乏居民协商实效化的沟通机制

全域服务治理在一定程度上是社区治理的一种创新手段。本质而言，社区既是居民生活的空间，也是居民利益的共同体。因此，试点工作的顺利开展离不开居民的理解、配合与参与。从现实情况来看，部分试点区域缺乏与居民协商的有效机制，或不能将其落入实效，此类居民沟通和参与的缺乏，成为这些地区的试点工作推进缓慢的一个根本原因。具体表现为：第一，部分试点地区居民对全域服务治理缺乏了解，区分不清全域服务与商业开发、城市更新、乡村振兴等概念，甚至认为是政府在"没事找事"。第二，居民已习惯多年的生活状态不愿意被企业改变，也担心企业的运营会损害自己的利益。

五、推进镇街全域服务治理的路径建议

（一）加强党建引领，夯实镇街全域服务治理基础

1. 党建作为精神源头，传递全域服务治理观念和知识

全域服务治理模式坚持党建引领、政府主导、企业主体、全民参与。其中，党建引领放在首位，起高位推动的作用。因此，应当充分利用各层级的党建行动，将全域服务治理的理念和知识传递到各级政府、企业及社

会居民心中，将党建活动和全域服务治理加以融合。首先，依托基层政府各级党组织，将全域服务治理相关理念的学习贯彻至平时的党建学习工作中，同时汇总讨论全域服务治理相关议题的学习心得。其次，进一步推进企业党建，将积极承担社会责任、参与城市治理的现代企业精神融入企业党组织的建设中，以党建促治理。最后，持续发挥基层党组织战斗堡垒作用和党员先进性，通过每一位共产党员的以身作则，将全域服务治理的理念和知识向公众传递，由此起到一种内生催化的作用。

2. 党建作为工作切入点，推动全域服务治理的工作惯性

镇街全域服务治理的推进包括了信息疏导、利益协调、"造血"资源挖掘等方方面面的工作，是一项系统工程。相比起资源挖掘、利益协调等工作，党建工作相对易于开展，社会风险也较低。如某些试点企业在全域服务治理工作开展的初期，以党建为切入点，通过建设图书馆、文化站等设施提升了域内居民的民生福祉，为其他实务性工作起到了一定的铺垫作用。同时，对于企业而言，党建工作无须太大的资源投入，在无法形成稳定"造血"机制的初期，可成为企业开展工作的"切口"，让全域服务治理的整体工作先运转起来，形成一定的工作惯性，从而克服组织惰性。其次，对于基层政府和参与企业而言，党建都是一项常态化的工作。因此党建可作为一个经验嫁接的渠道，将基层治理工作中好的做法，引入到全域服务治理的推进工作中来。

3. 党建作为连接网络，构建政府市场社会命运共同体

在试点工作的实践中，部分试点区域通过党建活动，推动党员、志愿者等去做企业和居民的沟通协调工作，以党建作为桥梁，破解全域服务治理推进过程中的难题。如试点区域居民不愿在全域服务治理推进工作中进行利益让渡，可以通过党员志愿者进行沟通，逐渐化解居民心结。基于党的组织体系中的层级架构，基层党组织可通过隶属关系与上级党组织进行沟通，同时企业党组织也可以通过党组织的隶属关系与行业、区域的上级党组织进行沟通。基层党组织、企业党组织、行业协会党组织等可通过联合党课、党日活动等党建手段，实现跨界联动的作用，让党建成为基层政府、企业、居民之间的连接网络。这使得党建变成一座"桥梁"，连接全域服务治理不同层级和不同类型的行动者，使"政府—市场—社会"成为真正的命运共同体。

（二）促进观念更新，传递镇街全域服务治理理念

1. 镇街和相关职能部门加强全域服务治理理念的学习

习近平总书记指出："我们要敢于啃硬骨头，敢于涉险滩，既勇于冲破思想观念的障碍，又勇于突破利益固化的藩篱。"全域服务治理由政府主导，首先需要政府自身的观念革新，即破除理解偏差、认知保守、思想僵化等观念上的障碍。应当首先使相关基层政府和职能部门意识到，全域服务治理的目的是打造共建共治共享的社会治理格局，最终目的的实现有利于基层政府的"减负"，而不是增加负担。为了防止在全域服务治理理念落实和明确的过程中出现流于表面、理解偏差的情况，在"市试点办—区试点办—试点镇街"的层级关系中，建议上一级主体成为下一级主体核心价值学习的责任人。在具体做法上，除一般化的政策宣讲，可适当结合心得撰写、考试评测等形式，对各级行政主体对于全域服务治理核心价值的理解进行常态化的考核。此外，可组织各区试点办、试点镇街相关人员进行集中学习或知识竞赛，以相对灵活的方式加强全域服务治理理念的学习。

2. 向企业持续传递全域服务治理的核心价值

要破除"目光短浅""挑肥拣瘦"等陈旧观点对企业的影响，需要将全域服务治理的核心价值顺利传递至企业。全域服务治理要求企业承担城市管理"大管家"的角色，这意味着企业具有一种超越商业利益的社会责任感。履行社会责任，是现代企业做大做强的"必答题"，而全域服务治理是企业履行社会责任的一种直接方式。在价值传递的措施上，可推广多种手段结合的方式：第一，区试点办与运营企业之间要做到常态化的信息互通及资源共享，保证签约企业能够准确领会相关理念；第二，在条件允许的试点区域，试点办与运营企业可互派工作人员进行驻点工作；第三，市试点办、区试点办对企业内部对接运营的人员进行集中的培训，系统化学习全域服务治理的相关知识；第四，可通过各级政协、联合党建等各种政商关系的通道，广泛宣传全域服务治理的核心价值。

3. 增强公众对全域服务治理理念的支持和认同

全域服务治理模式的有效开展，离不开民众的参与。因此有必要增加社会公众对全域服务治理理念的支持和认同，可以考虑采取多种线上线下的全域服务治理理念的传递措施。在具体形式上，线下可定期以"大讲

堂"或类似名称的方式开展面向辖区居民的讲座活动，邀请试点工作人员、企业运营人员、相关领域专家针对全域服务治理的理念和知识开办系列讲座，可以通过给予一定奖励的方式激励民众积极参与以上活动。同时，可邀请试点区域内外有兴趣的居民到相关运营企业总部、园区进行参观、游览，以直观的方式感受全域服务治理成效等。线上可依托各级政府部门的官方微博、微信公众号等推送与全域服务治理相关的系列推文。此外，有条件的试点镇街可与知名网红、"大 V"合作，以此分享全域服务治理的深度体验。

（三）优化权责配置，改进镇街全域服务治理结构

1. "条块重构"路径：探索成立全域服务治理局作为负责架构

从实践现状来看，全域服务治理目前缺少一个集中设计的顶层负责架构作为支撑。这使得全域服务治理的不少议题难以顺畅决策，或相关职能部门对相关工作安排不能充分支持。长久来看，这意味着全域服务治理工作的推进始终需要自上而下持续且广泛的动员，不能形成工作执行和问责监督的一般性机制，行政成本较高且缺乏持久意义。因此可以考虑探索成立全域服务治理局，该局可以独立于城管局或者提升至发改委下设部门，实现"一类事项由一个部门统筹、一件事情由一个部门负责"，由此对镇街产生更加直接的影响力。这同时也带来了政府条块关系和权责体系的根本重塑，是一种"条块重构"的路径。全域服务治理局的工作人员可从各职能部门熟悉业务流程的人员抽调，便于直接开展工作。也可根据实际需要，重新编制部门三定方案。或采取兼任的方式，将区—镇街领导任命为各级全域服务治理局负责人，但具体工作由多位副职监督落实。在三定方案中需要明确全域服务治理局的职能范围，将符合全域服务治理的各项政府服务类型进行整合，通过部门规章的形式给予全域服务治理局独立的审批权限和业务指导权限。根据调研发现，这种机构改革的做法被有意参与全域服务治理的企业所期待，因为这种顶层架构的集中设计能够在很大程度上抵消政策变动和不稳定的风险，也便于开展全域服务治理的工作布局和整体统筹治理所需要的资源。

2. "以块带条"路径：加强镇街自主权以实现资源的集中整合

镇街全域服务治理的主体是镇街，但是由于全域服务治理的推进需要运用多个职能条线上的资源，在既有的政府管理模式下，镇街往往需要向

区级职能部门申请配套经费支持，或者请求加速审批流程，有时甚至区级职能部门还需进一步向上协调。这种因条块分割所造成的统合全域服务治理资源的困难，不仅增加了议事协调机构的压力，也限制了镇街推进试点工作的自主性，使其往往只在原有工作开展的范畴内顺带完成全域服务治理相关工作。因此，可以考虑进一步加强镇街自主权，借助全域服务治理这一重大任务机会，将各个条线上的项目资源统合起来。这即是用"以块带条"的路径，将不涉及行政执法的资源充分下拨，各职能部门预算资金"切块下达"，由镇街统筹分配，由此实现项目资源在镇街层面的集中整合。除此之外，镇街需要在年初上报经费使用需求，并在年末递交年度经费使用情况和工作落实进度，由各职能部门分别独立审定，继而决定下一年的经费批复标准，由此避免镇街自主权过大导致可能带来的过度整合问题。在此基础上，上级单位或全域服务治理负责机构可以将工作重心转移至对全域服务治理工作事项的考核问责方面。如目前已经引入第三方的日常监督评估，可以继续根据实际工作的情况加以不断改进和完善，或对镇街的问责监督进一步与其他城市管理考核标准进行整合，最终确保各项职责的最终落实。

3."人事捆绑"路径：提高全域服务治理领导小组人事管理权

破解全域服务治理中跨部门协作的难题，重要的切入点是提高全域服务治理领导小组的人事管理权。这种人事管理权包括了议事协调机构对参与部门人员的目标设置、问责考核、激励分配等权力。全域服务治理领导小组人事管理权的提升能够使参与单位与议事协调机构形成更紧密的人事捆绑，降低议事协调的行政成本，避免其功能虚化，不仅能够有效地提高信息沟通效率和任务协作水平，更能够让各级职能部门紧密配合，有效解决各类全域服务治理场景下的"疑难杂症"和具体问题。在"人事捆绑"路径下，可以考虑在明确全域服务治理工作任务目标和考核指标的基础上，明确要求其他参与职能部门贡献更多人力资源，如采取借调制度，由议事协调机构向其参与职能部门直接抽调工作人员，使其专职从事全域服务治理工作。这些相关职能部门工作人员进入各级全域服务治理领导小组，协同开展业务。也可以探索在各参与职能部门内设置专干，专干需要接受全域服务治理领导小组的工作分派乃至考核与监督。由此更好地传达、解读议事协调机构布置的任务，引导本部门的其他同事去配合任务目标实现。这些做法有助于全域服务治理领导小组机构获得更加丰富的行政资源，从而持续地布置任务、传导压力，带动参与部门对全域服务治理持续的投入注意力。

（四）推进多方联动，完善镇街全域服务治理机制

1. 围绕各级领导小组健全工作会商与调度机制

镇街全域服务治理工作开展，需要各级政府职能部门理顺条块关系。试点领导小组应起到不同条块之间的协调作用，例如与财政局协调解决或部分解决专项经费的问题；与交通局、公安局协调道路、航道、河涌等的管理、运营和归属问题；与人社局协调试点区域人员归属调整的问题；与住建局协调公共设施建设、道路改造等问题。在组织架构上，政府各层级均已成立全域服务治理领导小组，下一步应围绕各级领导小组建立健全常态性的工作会商和调度机制：在市领导小组与各区之间举行常态化的工作会议，对上一阶段的经验进行总结，对下一阶段的工作进行部署；在各区领导小组之间定期举行经验分享会，交流各试点区域差异化的做法，互相借鉴；通过常态化的调度会、工作交流等形式，协调区内各条块关系，协调、解决试点工作中存在的问题。

2. 加强试点镇街和企业间合作衔接机制的制度化规范化

推动全域服务治理工作，除了政府条块内部，也需要加强基层政府和企业间合作对接机制的制度化规范化。由实践情况可知，某些试点镇街的政企合作做法值得下一阶段在更大范围进行推广，如某试点企业成立专门的二级公司，对接全域服务治理的工作，以此显著提高了工作的精细化和专业化水平。同时，企业派驻专员进驻街道办公，可以大大提高政府与企业之间的沟通和工作效率。除此之外，在试点实践初期，部分基层政府和企业缺乏现成的工作指引，这是因为全域服务治理工作尚处探索阶段，相应的工作方法、条块关系、职责边界都没有形成稳定的模式，很难形成一个具有一定覆盖面的工作指引。下一阶段试点工作的推广及深化，需要建立和完善工作指引，提高各项工作的制度化和规范化水平。工作指引的最终目的是建立规范化的政商全域协作机制，包括企业遴选、资源挖掘、绩效评估等环节，让政企的合作衔接有章可循。

3. 在基层自治组织中突出发挥精英带头引领作用

"人民城市人民建"，镇街全域服务治理的顺利推进，需要居民的广泛参与。在试点实践中存在的部分试点区域居民对全域服务治理不理解、

抵触甚至反对，造成基层政府的相关工作难以部署，企业的相关业务难以推进。传播社会学的两级传播理论认为，人际传播中的"意见领袖"有着举足轻重的作用。因此，试点镇街可以充分依托基层自治组织，发掘在网格化治理、传染病管控等其他业务中表现突出的社区治理积极分子、线上线下的"话题引领者"，使这些在居民中有一定影响力的群体能够深入学习和理解全域服务治理的理念和知识。突出发挥这些意见领袖的精英带头引领作用，在日常的邻里生活、人际互动中将全域服务治理的理念和知识内化到其他居民的观念中，并在一些议题上发挥沟通协调作用。同时，在业委会、村联社等自组织举办协商会议时，也可以鼓励增加更多全域服务治理的相关议题。

4. 强化城市运营服务协会的协调作用与智力支持

为更好推进镇街全域服务治理试点工作，广州市城市服务运营协会现已成立。目前协会对试点相关实质性工作参与程度不高，下一步应尽可能发挥协会作用，使全域服务治理获得更多社会支持。行业协会本质上是由具有某种同质性的企业组成的第三方社会组织，作为协调机制的潜力较大，应充分挖掘：一方面，城市服务运营协会可以成为试点区域与意向企业之间的桥梁，为镇街提供企业遴选、绩效评估等方面的支持，同时也能为相关镇街与企业之间的合作牵线搭桥，充当"红娘"的角色；另一方面，协会也能成为试点区域签约企业、拟签约企业及意向企业交流的平台，组织一张"全域企业网络"，让各企业定期进行项目运营的经验分享，例如如何有效挖掘区域的运营资源、如何稳定持续"造血"。此外，比起政府部门与企业，协会更有机会与高校、科研院所接触，因此也应利用第三方组织的这种灵活性为全域服务治理的推进吸引更多的智力资源。

（五）提升企业效能，增加镇街全域服务治理能力

1. 试点企业自觉打造具有社会责任感的企业文化

在全域服务治理的模式下，试点企业承担了城市管理和公共服务的更多责任。作为一个负责任的全域服务治理企业，不仅要追求经济效益，也应将对公共利益的考量和对社会责任的履行融入企业文化中。试点企业应加强员工，尤其是参与全域服务治理的员工的社会责任意识教育，如通过组织培训、开展讲座等活动，让参与员工充分了解全域服务治理的核心价值及自身责任，激发员工的社会责任感。同时，试点企业应自觉打造与时

俱进的组织战略和目标愿景，加入更多社会责任要求，并将其视为企业经营的重要方面。此外，企业应更多实践能够体现社会责任履行的行动，如公益服务等。这些具体的行动不仅可以提升企业在民众中的形象，也能够将全域服务治理的核心价值逐步内化为一种稳定长效的企业文化气氛，使员工对企业的归属感和对社会的责任感统一起来，由此实现试点企业自我价值的超越，为全域服务治理做出更大的贡献。

2. 试点企业自发推进集约化管理和服务模式转型

作为城市管理的"大管家"，试点企业需要自发推进集约化管理和服务模式转型，这样不仅可以为民众提供更为高效和优质的服务，也能够为试点企业带来更大的营收和社会价值。因此，试点企业应努力建立与全域服务治理需求相匹配的集约化管理和服务体系。一方面，试点企业需要充分了解当地政策和市场情况，明确试点区域的需求和供给现状，并与政府部门积极沟通，为整体的业务统筹提供基本方向和依据。同时，应通过不断的后续市场调查和研究来把握居民需求的变化，及时调整服务的模式和策略，避免相关服务的缺失或重复供给，提高整体的管理效率；另一方面，试点企业应加强对集约化管理流程的优化，持续推进服务事项和业务流程的规范化和标准化。试点企业可以在物流管理、人事管理等方面充分借鉴国内外现有的先进企业管理理念和方法，不断地提高企业的管理和服务水平。

3. 试点企业自我改进服务供给的数字化和专业化

全域服务治理是一种数字化和专业化的治理。对于试点企业而言，应不断自我改进服务供给的数字化和专业化水平，以满足人民群众日益增长的美好生活需求。在服务供给的数字化建设上，试点企业应更进一步利用物联网、云计算、大数据等数字技术手段，建立完善全域服务治理的数字平台。可以借鉴和推广已有试点街道，如三元里街道的数字化治理做法，打造智慧城市管理系统以及在线政务服务平台，在整合各类城市公共服务信息的基础上，方便民众办理各类业务，提高服务供给的效率和品质。试点企业也可以通过数字化监管实现追溯管理、数据分析等，进一步提高管理的科学化水平。在服务供给的专业化建设上，试点企业应努力培养一支能够满足各类公共服务供给需要的专业人才队伍。可以制订针对性的人才招聘和培养计划，或与高校、科研机构、社会组织等建立合作关系，建立起全域服务治理专业人才队伍输送的桥梁，确保服务的专业化水平。

4. 试点企业自主创新实现"造血"功能的方式和方法

试点企业"自我造血"功能的实现，不仅有利于提供更高质量的公共服务，更是确保全域服务治理可持续性和长效性的关键所在。除了盘活闲置公共资源和导入产业，试点企业还应积极在实现"造血"功能的方式方法上进行自主创新。试点企业可以充分结合自身优势，尝试在试点区域内扩展业务领域，探索具有市场前景和竞争力的新业务，如社区商业服务、医疗健康服务等；也可以通过在管理层面的创新来降低成本，以实现自我造血的目的，例如可以通过引入先进的管理技术，运用数字化和智能化的运营手段，减少在人力和物力资源上的成本浪费，提高企业营收水平。此外，试点企业可以探索通过合理的资本运作，提高资本利用率，增加资金流入和产出，以增加企业盈利的机会。例如可以通过吸引社会资本的方式筹集资金，投资在试点区域内具有发展前景和盈利能力的项目，实现企业收入的增长。

参考文献

[1] 习近平. 高举中国特色社会主义伟大旗帜为全面建设社会主义现代化国家而团结奋斗 [M]. 北京：人民出版社，2022.

[2] 人民日报. 习近平：人民城市人民建，人民城市为人民 [N]. 人民日报，2020 – 01 – 13.

[3] 国务院办公厅. 国务院办公厅关于全面推进城镇老旧小区改造工作的指导意见 [EB/OL]. (2020 – 07 – 20) [2024 – 06 – 01]. http://www.gov.cn/zhengce/content/2020 – 07/20/content_5528320.htm.

[4] 中共中央，国务院. 中共中央、国务院关于建立健全城乡融合发展体制机制和政策体系的意见 [EB/OL]. (2019 – 05 – 05) [2024 – 06 – 01]. http://www.gov.cn/zhengce/2019 – 05/05/content_5388880.htm?ivk_sa = 1024320u.

[5] 习近平. 在深圳经济特区建立 40 周年庆祝大会上的讲话 [EB/OL]. (2020 – 10 – 14) [2024 – 06 – 01]. http://www.gov.cn/xinwen/2020 – 10/14/content_5551299.htm.

[6] 南方日报. 广州 18 个镇街试点全域服务治理：引入企业承担服务性、事务性工作，打造以人为中心的超大型城市现代化治理新范例

［N］．南方日报，2020 – 05 – 13.

［7］李麟玉．探索全域服务治理模式、提升城市精细治理水平：以广州市为例［J］．城市管理与科技，2022（3）：48 – 50.

［8］高小平．国家治理体系与治理能力现代化的实现路径［J］．中国行政管理，2014（1）：1 – 9.

［9］刘士林．人民城市：理论渊源与当代发展［J］．南京社会科学，2020（9）：66 – 72.

［10］史普元．从碎片到统合：项目制治理中的条块关系［J］．社会科学，2021（7）：85 – 95.

［11］郁建兴．社会治理共同体及其建设路径［J］．公共管理评论，2019（3）：59 – 65.

广州城市管理新型基础设施建设机制与模式研究

张　惠

（广州大学公共事务管理学院）

摘要：党的二十大报告指出，优化基础设施布局、结构、功能和系统集成，构建现代化基础设施体系。从实际调查来看，广州市城管新基建仍处于起步阶段，建设标准、融资模式、协同机制等方面尚有不足，多元主体利益冲突、盈利机制不明晰等问题依然存在。基于此，课题组建议通过加强统筹规划、优化供给结构；科学制定建设标准，推进分类精准施策；明确政府定位与责任边界，完善配套支持政策；构建多元主体协同机制；优化城管新基建融资模式；正确发挥市场优势，强化各责任主体意识；强调建用并重、以用促建，以公众需求为中心扩展应用场景，有序推进城市管理新基建，进而提升全市镇街全域服务治理效能。本研究的结论不仅有助于厘清广州城市管理新基建不同模式的优劣势，理顺不同模式在具体实践过程中的共性问题，同时能有效增强城管新基建项目的有序推进和持续发展，有效服务广州实现老城市新活力"四个出新出彩"的决策及"一网统管"的部署。

关键词：新型基础设施；机制；模式；广州

一、广州城管领域新型基础设施建设的属性与特征

城管领域的新型基础设施主要是依托新一代物联网感知、大数据、云计算、区块链等先进技术创新应用，在数字城管、智慧余泥、燃气安全、执法管理、违建治理、公厕管理、垃圾分类等领域的基础设施体系。建设目标在于推动城市管理技术、管理、商业模式等各类创新，因地制宜部署集垃圾分类、公厕、垃圾收运、燃气供应、低值可回收服务站点等功能于一体的城市管理便民服务站，构建城市综合管理服务平台，形成智慧城管

全市一盘棋。

（一）城管领域新型基础设施的属性

城管领域新型基础设施是一种准公共物品，具有准公共性，也是民众生活不能离开的公共产品，具有公益性。与纯公共产品的完全非排他、完全非竞争不同，它们有一定的排他性或竞争性。新型基础设施与民生息息相关，也与地方的经济发展密切相关[1]。广州市城市管理和综合执法局根据相关任务部署，结合局工作实际，特制定实施方案。2021年，广州市城市管理和综合执法局正式印发实施《广州市城市管理和综合执法局推进广州市新型城市基础设施建设实施方案》，提出通过创新应用示范点建设，形成"政府引导、社会参与、拓展场景、智慧提升、产业发展、促进经济"新城建工作格局。政府要以公共利益为目标，有序合理发展新基建，满足不断扩大的新基建需求规模，确保新基建的发展可以满足民众的需求并为人民造福。

城管领域新型基础设施具有较强的外部性，尤其是符合需求的供给而产生的正外部性。新基建的创新试点，不但可以实现以街镇为单位全域服务的优化治理，而且可以提升城市管理水平和社会治理能力。例如，白云区三元里街道通过建立智慧环卫系统，不仅满足了三元里街道全域服务治理的需求，而且通过对公共服务生产组织结构和流程来实现城市治理能力和治理水平的提升，助力政府社会治理降本增效。

（二）城管领域新型基础设施的特征

与传统基础设施相比，新基建具有数字化、分布式、高迭代、泛在性、融合化的特征。

一是数字化，新老基建之间的根本不同在于技术上的先进性。新基建以新一代先进技术为依托，本质上是信息数字化基础设施，是在现有城市建设管理信息化成果基础上，通过新一代物联网感知、5G（第五代移动通信技术）、大数据、云计算、区块链等先进技术创新运用，推动城市从信息化到智能化再到智慧化的跃升。而传统基础设施建设主要是指"铁公机"，包括铁路、公路、机场、港口、水利设施等建设项目，其投入以钢铁、水泥、化工等物质材料为主。

二是分布式，区别于传统基础设施的中心化治理，新基建将由大型的中心化数据中心向密集化、细分化、边缘化态势发展，将形成分布式的数据中心空间布局，更加有利于数据存储系统的建设。分布式控制并不需要配置一个调度中心来统筹所有参与个体，所有参与个体之间可以直接进行通信联系。例如以街镇为单位的智慧城管，让街镇普遍性问题在街镇范围得以解决和提供，推动城市管理的人人参与。

三是高迭代，新一代信息技术的更新迭代不断加快，使得新型基础设施也相应需要不断更迭。高迭代的特点决定了新型数字基础设施建设不是一次性项目，而是一个没有终点的持续迭代升级过程。相比而言，交通、能源等传统基础设施建设运营中使用的技术较为成熟，以增量型、渐进式创新为主。新基建则需要推动新材料、新工艺、新技术的应用和迭代更新，努力通过技术创新，持续降低智能基础设施的建设成本。

四是泛在性，即广泛存在性，也就是提供的网络要在任何地点都能顺利接入。例如推动城市管理问题治理"一网打尽""一屏观天下"，就需要扩大视频监控资源的覆盖范围，实现多维度无死角观测，通过算力算法能力进行视频智能分析，进行问题分析自动报告。泛在的网络应该做到任何时间、任何地点、任何方式、任何终端都能保障通信业务的完成。

五是融合化，城管新基建涉及大量不同领域的业务，需要将不同网络承载的业务融合起来，推动现代信息基础设施与传统基础设施融合，推动行业设施共建、空间共用、资源共享。例如，白云区鹤边村通过搭建全域化治理平台，涵盖灯杆管理、安防管理、河道水涌、车辆管理、环卫管理、社区总览六大功能模块，是多领域业务的融合治理。

二、广州城市管理新基建机制与模式的对比分析

（一）鹤边村模式及其治理机制

鹤边村模式，是一种以企业为主体、以村企共同生产为基础、以开放村内公共资源为依托、自下而上供给新型基础设施、实现村级智慧城管一体化的模式。鹤边村模式与其他模式的最大区别在于新型基础设施硬件方面的建设密度最大，而且全部由企业投入，没有财政经费的参与。企业新建设施包括智慧灯杆、鹰眼、探头等新型基础设施以及配套管理的一整套智慧管控云平台。在鹤边村，承建方广州市许智能科技有限公司（以下

简称"中许公司")试图将项目打造成品牌，以此来确立市场地位和影响力。该模式的主要特征见表2-2。

表2-2　鹤边村模式的主要特征

模式	建设形式	建设主体	资金来源
鹤边村模式	新建高密度新型基础设施及自研大数据平台（重资产）	国企与民企合资企业	村委与企业投资村内公共资源开放

　　从参与主体来看，该模式的投资、建设、运营、维护以承建公司和村委为核心，其他主体的参与相对有限。基层政府对鹤边村项目的参与不多，且不同层级政府对该项目的态度暂未达成共识，总体上处于"观望"状态。调研显示，目前一般村民并未直接参与到项目决策和管理过程中，项目本身的设计也并未考虑公众参与或者直接向公众收费的环节。我们发现鹤边村项目的一部分监控摄像头安装在村民自建房的楼道中，中许公司指出未来每一栋村居楼道中均要安装摄像头。值得关注的是，村民对这一做法基本配合，这从一个侧面显示村民对项目本身基本持支持态度。

　　从资金来源上看，项目的启动和运行在村委和企业双方共同生产的基础上进行，项目启动由村企双方签订合同共同投资。鹤边村模式中，最值得关注的点在于对盈利模式进行了创新性探索，采用统筹村内公共资源的方式实现规模化经营。如能够顺利达成，将在极大释放财政资金压力的前提下建成高密度融合化新型基础设施。在鹤边村调研中，中许公司表示，目前村委投入的资金无法覆盖项目初始投入的新基建成本，公司垫付了大笔资金，未来希望能够通过对村内公共资源的规模化经营达到盈利目的。具体包括：第一，垃圾资源化。中许公司有垃圾资源化的丰富经历，在垃圾再利用上有着"天然"优势，如若协商成功，垃圾资源化的收益将会非常可观。第二，智慧灯杆显示屏及村内其他广告业务。企业可以通过在智慧灯杆显示屏上投放广告和经营村内广告业务获利。第三，停车场智慧化管理。中许公司希望能够承接村内10个停车场的运营业务，并对停车场进行智慧化改造，然后与村委进行利润分成。第四，智慧灯杆的Wi-Fi、充电桩业务。但是，鹤边村模式中盈利点的实现需要具备大量基础条件，理清复杂利益关系。在调研中发现，以上中许公司设想的盈利点暂未实现，真正落地的时间未能确定，目前仍然是亏本经营状态。首先，垃圾资源化建立在规模化垃圾处理的基础上，需要实现村内垃圾处理的垄断化经营。当前村内有许多长期存在的垃圾回收小作坊，使部分垃圾资源无法流向中许公司。虽然中许公司表示，这些小型作坊均为无证经营，可以通过一些途径进行清理，但清理小型作坊需要村委、街道、城管部门的协作，时间与进度并非中许公司可以把握。其次，智慧灯杆目前仅限于公益使用，Wi-Fi 和充电桩需要电信公司和电力部门的协作才能实现；再次，村内的广告牌和停车场等公共资源目前已有经营主体，智慧化运作后产品如何进行重新定价和利润分成，也尚未确定。可以预见，中许公司想要达成统筹经营的目的需要重新进行大量沟通、协商与谈判，付出较大交易成本。此外，许多利益的协调工作在中许公司和村委层面进行协调的难度过大，需要提请上级政府部门。因此，街道乃至区级、市级政府部门对项目的支持是重要条件。

鹤边村模式作为一种自下而上建设城管新基建的创新模式，具有较强的典型性。这种模式的优势在于：（1）统筹村内公共资源，释放财政资金压力；（2）新建大量新型基础设施，能够实现颗粒度小、密度大的数据收集；（3）具有较强的跨界统筹性，能够兼容多个职能部门的数据需求。其可能的缺陷在于：（1）公众参与的渠道缺失；（2）协商过程产生的大量交易成本；（3）更加适合新基建基础较弱的区域，而不是已有基础的区域，因为在后者采用此模式可能将面临更强的新旧基础设施建设冲突。因此，这种模式得以存续的必要条件在于获得上级部门有力支持，充分协调各主体的关系，尽可能减少谈判和协商产生的交易成本。

（二）三元里模式及其治理机制

三元里模式，是一种以地方国企和民营企业为运营主体、以财政经费为支撑，多主体参与的轻资产城管智慧化运行模式，这一类型也是目前在广州分布最广的一种模式，具体见表 2-3。

表 2 - 3　三元里模式的主要特征

模式	建设形式	建设主体	资金来源
三元里模式	原有基础设施再利用加上自研大数据平台运营（轻资产）	有物业管理业务背景的大型房地产企业	街道和村委各自拨款

从建设形式上说，三元里模式中并未大量涉及新型基础设施的新建，而是主要采用三元里街道内原有的基础设施，辅以少量低价值或可移动智慧化设施，属于轻资产项目。运营方采用全国通用的"万物云城"自研大数据平台，较大程度上节省了项目的初始研发费用。在硬件上，企业通过将街道和村内原有的探头接入到自研的大数据平台上，同时结合感应器、AI设施等来实现街道和村内的全域智慧治理。从本质上说，三元里模式的建设目的并不是进行新型基础设施的增量建设，而是为了提升城管的公共服务质量，因此没有显著提升区域内的新建基础设施密度和广度。

从参与主体上看，三元里模式通常以有房地产开发和物业管理业务背景的民营企业和区内国企合作成立的公司为主要运营主体。这种与本地国企合作的模式在一定程度上减少了和基层政府的交易成本，同时也能让地方税收能够运用在本地的民生服务上，减少与区级政府的谈判成本。在服务的落地上，该模式主要由运营企业具体落实城市管理相关公共服务，如环卫、占道经营管理、垃圾分类等。企业通过平台进行卫生环境和人力资源监测，发现问题后派发工单给环卫工人或其他工作人员及时处置，如若发现不属于合同范围的事务，就移交给相关部门处理。值得关注的是，这一模式在公众参与上进行了创新，通过"众包"方式发动公众通过"云报事"小程序随时随地上报城管相关问题，使群众的眼睛在一定程度上弥补了摄像监控探头密度的不足。

从资金来源上看，三元里模式中街道的项目经费由市政所支付，资金来源于财局，城中村的项目经费由村委出资。目前，企业暂未拓展其他业务途径的资金来源，项目暂未实现盈利。

三元里模式作为一种多主体参与的城管智慧化运行模式，主要优势在于：（1）运营企业一般是具有深厚物业管理经验的大型房地产企业，项目使用的"通用大数据平台＋轻资产新基建"模式有利于在资金有限的情况下快速推广和提升城市管理服务质量；（2）提供了公众参与的渠道，有利于发挥人民群众的主观能动性；（3）和地方国企合作，有利于降低项目落地的交易成本。主要缺陷可能包括：（1）没有创新盈利模式，对财政经费有较强依赖性；（2）对城市管理新型基础设施的密度和广度没有提供显著增量；（3）由于硬件数量受到限制，项目的跨界融合程度一般。

（三）广州塔模式及其治理机制

广州塔模式，是一种以政府为建设主体、企业负责治理末梢的重资产城管新基建模式。由于广州塔景区地理位置和在城市中角色定位的特殊性，政府投入了大量资金新建高密度新型基础设施，属于重资产项目。另外，要打造"世界级滨水城市客厅"，不仅需要"硬"基建，也需要配套的"软"服务。软服务的治理末梢部分交由企业承担，企业在智慧化平台的赋能下，能够更及时、更精细地实现城市治理。该模式的主要特征见表2-4。

表2-4　广州塔模式的主要特征

模式	建设形式	建设主体	资金来源
广州塔模式	新建高密度新型基础设施（重资产）	政府主体 政企合作	财政经费 企业投资

从建设主体上说，广州塔模式中新型基础设施主要由政府投资建设和运行，企业以市场化方式承接了新型基础设施运行后的部分公共服务管理职能。和其他两种模式不同，在广州塔模式中，负责末梢治理的企业保利物业并不具有大数据平台和其他新基建设施的管理和运营职能，而只承担环卫、占道经营管理等传统城市管理职能。政府投资兴建的新基建设施对城市管理与监管的广度与深度进行扩展，再由企业进行落地整治，以技术赋能实现精细化治理。

从资金来源上看，广州塔新基建项目依靠政府财政支出，公共服务部分由企业投资，以政府和企业双方合作来保证城市服务平稳运营。

广州塔模式作为一种以政府部门为建设核心的重资产城管新基建模式，具有以下优势：（1）财政经费投资建设，规格高；（2）经营的持续性强。主要劣势在于这种模式的广泛推广可能造成财政资金压力过大,因此适合在城市的关键区域采用。

(四) 三种模式及其机制的对比

鹤边村模式、三元里模式、广州塔模式体现了不同场景下新基建实施的不同特征。总体而言,鹤边村位于城中村,该模式是以企业为主体的跨界统筹模式;三元里位于建成区,是基于原有基础设施的轻资产模式;广州塔是城市最核心景区之一,是以政府为核心的高标准重资产模式。三种模式的基本情况和总体特征见表2-5。

表2-5 三种模式总体特征

模式	总体特征
鹤边村模式	以企业为主体的跨界统筹模式
三元里模式	基于已有基础设施的轻资产模式
广州塔模式	以政府为核心的高标准重资产模式

对鹤边村模式、三元里模式和广州塔模式进行对比分析后发现,在主体参与程度、跨界融合程度和可持续程度上,三种模式大不相同,具体见表2-6。

表2-6 三种模式效益比较

模式	主体参与程度			跨界融合程度	可持续程度			适用场景
	企业参与	公众参与	政府介入		盈利空间	盈利方式创新	可持续性	
鹤边村模式	高	低	低	高	较大	高	尚不明确	城中村、老旧小区
三元里模式	较高	较高	较高	中	较小	低	较强	商品房小区、保障房小区、硬件设施基础较好的城中村

续表

模式	主体参与程度			跨界融合程度	可持续程度			适用场景
	企业参与	公众参与	政府介入		盈利空间	盈利方式创新	可持续性	
广州塔模式	中	中	高	高	尚不明确	低	强	城市客厅、核心景区、城市 CBD

在主体参与程度上，鹤边村模式中新基建的实施和运行基本由企业进行，村民除了决策很少参与到项目实施的其他阶段，且不同层级政府对该村新基建项目呈现出观望态度，因此鹤边村模式中企业参与程度高、公众参与程度低、政府介入程度低。三元里模式中主要依托街道原有基础设施，由企业投资对设施运营模式进行升级，公众以众包模式参与到治理中。因此三元里模式中企业参与、公众参与和政府介入程度都较高。广州塔模式需求体量和质量要求较高，基础设施全部由政府出资重新建设，后续由企业承担公共服务的末梢治理。以政府为核心进行新型基础设施建设，物管企业对大数据平台没有实际管理权。因此广州塔模式中政府介入程度高、企业参与程度和公众参与程度中等。

在跨界融合程度上，鹤边村模式中的智慧化运营平台依据鹤边村的智慧城管需求专门设计，平台由企业与村委共同投资，以承建方为主体运营。以高低密度的新型基础设施为依托，使数据能够在企业和不同政府部门间共享，跨界融合程度高。三元里模式中采用的是将原有基础设施接入到智慧化运营平台中，但由于新建设施不足，跨界融合程度中等。广州塔模式中治理数据来源于政府平台数据和企业系统数据的融合，数据来源丰富，跨界融合程度高。

在可持续程度上，鹤边村模式可利用村内可盘活公共资源进行业务拓展，其盈利空间较大，且盈利方式具有创新性。但公共资源开放的体量目前仍在商讨中，对该项目的可持续性判断暂无定论。三元里模式中的盈利模式创新程度低，仍然主要依靠财政经费。由于三元里地处建成区，可盘活的公共资源数量较少，远未达到企业能够满足稳定运行的体量，因此该模式中的盈利空间较小。但由于该模式属于轻资产模式，基础设施的投入成本较少，能够通过智慧化运营大幅减少人力成本的支出，因此，三元里模式可持续性较强。广州塔模式中的新基建依靠财政经费，可持续性强。

总的来说，鹤边村模式主体以企业为主、跨界融合程度较高、盈利方式创新程度高，适用于基础情况较差、人口较多、公共资源富余的城中村和老旧小区，这种类型的区域相对有更多需求和可创造的盈利点。三元里模式适合基础设施原本就充足的商品房小区、保障房小区，以及硬件基础设施较好的城中村。广州塔模式中的区域处于城市规划中较高的战略位置，对管理和服务的数量和质量有着更高要求，适用于对主体参与程度、跨界融合程度和可持续程度需求较高的城市客厅、城市核心景区和城市 CBD。

三、城管新基建机制与模式的国内样本与国际经验

国家在新基建的布局设计上经历了从重概念到重内涵的过渡，从重局部发展向重区域协调延伸，从重项目建设到重系统化，标准化的新基建体系构建、从重依靠政府力量向重利用社会资源转化，不断探索新基建与民生领域的深度结合，加速新基建市场化发展，以新基建助推经济发展，助力韧性城市的升级改造。

在对比北京、上海、天津、杭州、深圳等城市在城市管理领域新基建相关政策方案后，本研究认为国内一线城市的政策方案呈现出以下共性：

第一，注重支持系统构建，打造新基建发展生态圈。加强政府政策引导与产业支持，打通科研机构、实验室、中小企业及政府间的壁垒，为多方合作提供平台与政策环境。结合政府投资与社会融资，为新基建建设提供充足的资金支持，保障资金多元化来源，设置人才、资金、专家库助力新基建城市管理。

第二，注重社会力量，调动社会参与城市管理的积极性。为中小企业开放城市管理场景，提高中小企业技术创新与城市管理参与积极性，为企业"献策"创造条件。注重公众参与，倾听群众声音，让全社会共同参与到新基建城市建设中去[2]。

第三，注重城市管理新基建项目向社区下沉，构建智慧城市管理末梢。让新基建项目成果真正惠及群众，挖掘新基建项目市场化潜力[3][4]。

第四，依托地方管理特色，赋能新基建城市治理。利用地方特色产业挖掘新基建应用场景，为新基建技术研发与落地使用保驾护航，为新基建

城市治理寻找切入点。

（一）国内典型案例的经验总结

1. 盘活社会资金，打造多元资金支持系统：北京超级充电站案例

北京市城市管理委员会于 2021 年 1 月在丰台区南三环西路 91 号院布点 40 个支流快充车位，为私家车、环卫车等车辆提供公共快充服务[5]。在资金方面，丰台国资管理中心在了解过承办企业特瓦特的情况后，开始帮助其对接银行、融资租赁等机构，为研发企业提供一定资金支持。经过 4 个月的反复沟通、调查和论证，最终诚信佳融资担保决定战略性支持特瓦特，同意为其提供担保，并向七八家合作银行推介这一项目。一个月后，特瓦特收到了首批银行贷款。由于本充电站项目符合环保低碳的减排要求，来自中国投融资担保股份有限公司（简称"中投保"）管理运作的亚洲开发银行还为其提供了绿色贷款。

在本案例中，北京市城市管理委员会引入超级充电站建设，下沉社区，解决民生需求问题。在解决企业前期投入资金问题时，由于国资委的积极介入，企业能够顺利得到银行、融资租赁等机构的资金贷款支持。同时，在本案例中，政府部门通过牵线搭桥的方式，串联其他如亚洲开发银行绿色贷款的项目，为企业提供了多元的资金来源渠道。北京市城市管理委员会与丰台国资管理中心一起，为城市管理新基建承办企业搭建起多元资金支持系统，盘活社会资金，回应民众需求，为企业建设运营提供不竭动力，为城市管理水平提高注入强劲动能。

2. 丰富应用场景，加强民生导向：深圳南山网红公园试点 5G 应用场景案例

2021 年 5 月，深圳市城市管理和综合执法局在深圳人才公园、大沙河生态长廊、深圳湾滨海休闲带西段、四海公园等 4 个网红公园试点 12 个 5G 智能应用场景项目，内容包括手机无线充电、5G 无人垃圾清扫车、智慧座椅、智慧厕所、彩频 5G 中远距低照度节能全彩摄像机、5G 柔性屏等便民服务设施。

为解决夜间光线不足，湖畔、河边、海岸等薄弱地带实时情况监管难度大等公园死角问题，彩频 5G 中远距低照度节能全彩摄像机得到应用。深圳人才公园安装的彩频 5G 中远距低照度节能全彩摄像机，可实现夜间微光条件下中远距真彩监控及视频 AI，解决公园涉水越界报警难题。四

海公园水体区域占园区近1/3的面积，在5G中远距低照度节能全彩摄影机的帮助下实现了全域监管。该设备主要应用于近水警戒，有游客踏入警戒区域后，将会触发报警，语音提醒小心行走，避免踏入水区。

在本案例中，深圳市城市管理和综合执法局在公园管理中大量应用5G智能便民设施，搭配低碳环保理念深挖民生应用场景，设施配置具有实践价值，大大提高后续运营的可持续性。

3. 优化管理模式，释放管理效能：上海金山区城管"非现场执法"案例

2022年6月15日金山区试行城市管理非现场执法，2022年7月5日首张非现场执法行政处罚决定书通过"随申办"App送达当事人，当事人完成缴款，实现非现场执法闭环。非现场执法，是通过监控设备、视音频记录设备等锁定违法证据，并短信提醒其自行整改，拒不改正的，通过"随申办"App将行政处罚决定送达给当事人，最后缴纳罚款，全过程在线上进行，全程无接触完成执法。监控设备6月27日、28日连续两天发现位于山阳镇板桥西路73号的水果店存在跨门经营，店主路先生在手机上收到了城管发来的处罚短信，并在线缴纳了罚款，这也是金山城管非现场执法工作推行后的首张罚单[6]。

金山区城管执法局从发现机制、智能分析、数据更新三方面保障非现场执法的有序推进。一是建设基础设施，发现机制更加多元。2022年上半年逐步完成视频资源的融合接入，包括15路自建带算法的固定点位城管视频，2500路"雪亮工程"视频，执法记录仪、执法终端拍摄视频。二是完善智能算法，分析模式更加精准。基于人工智能视觉分析技术，可自动识别跨门经营、占道经营等7项违法行为，产生告警图片、抓拍取证视频片段并自动上传至业务后台。三是排摸对象数据，执法数据更加鲜活。依托对象数据库建设动态完善沿街商户信息，结合复工复查，各基层中队对沿街商户进行上门告知并签订《金山区街面秩序管理工作告知承诺书》。

在本案例中，上海市金山区城管执法局利用智慧监管的办法，在实现全域实时无死角监管的同时，创新管理方式，采用"非现场执法"的办法，大大释放智慧管理的效能，减少人员实地工作量，缩减管理成本。未来，随着智能化监管平台的全面进驻，"无死角"管理意味着工作量的激增，对执法人员需求量将不断增加，探索新的管理模式是当前最紧要的工

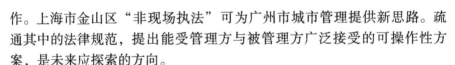

作。上海市金山区"非现场执法"可为广州市城市管理提供新思路。疏通其中的法律规范，提出能受管理方与被管理方广泛接受的可操作性方案，是未来应探索的方向。

4. "交钥匙"式合作：以香港环境保护署垃圾资源化为例

香港环境保护署向 AI 和光电融合的智能分选装备提供商广东弓叶科技有限公司提供了千万订单，预计将在香港新界西堆填区建立一整套人工智能废弃物分拣系统，为香港打造新一代数字化、智能化、自动化的混合生活垃圾处理中心。弓叶科技负责该项目的整厂方案设计、现场安装施工、污水处理、废气处理、整厂数字化管理系统等内容，承接项目的主要建设工作。同时该项目中采用数十台智能分拣机器人和高速喷气式光选机，该智能机器人在垃圾分选过程中可以自主判断垃圾类型，自动灵活地更换夹具，以适应不同类别、不同形态、不同重量的垃圾分选需求，实现混合生活垃圾资源化、减量化、无害化，减少垃圾焚烧和垃圾填埋量，并通过科技的力量，将传统的垃圾处理中心打造成数字化、智能化、自动化的处理中心，减少人工处置。

该项目是全球第一个也是目前唯一一个将混合生活垃圾细分为十九类且形成数字化管理的项目。在本案例中，香港环境保护署与具备独立研发能力的科技企业合作，与市面上部分流于表面的智能化改革不同，该项目从根本上提升了垃圾分类与废物处理的智能化水平。由弓叶科技以"交钥匙"形式完成一整套人工智能废弃物分拣系统的建设升级，促进垃圾分类与废物处理市场化发展，将公共资源盘活处理，在提升治理水平的同时给予市场更多盈利空间，降本增效，助推节能减排可持续发展。

（二）国际典型案例的经验总结

国际典型案例选取美国洛杉矶与圣何塞市直接经营及转让经营模式。荷兰皇家飞利浦公司与美国洛杉矶、圣何塞市政府主动洽谈，由飞利浦公司提供智慧灯杆，洛杉矶和圣何塞市政府共建 150 根智慧灯杆。其中，智慧灯杆内部的无线通信设备由爱立信公司提供，飞利浦将该批智慧灯杆的无线通信经营权转包给爱立信，无线通信运营商直接支付相关费用给爱立信。项目建成之后将由飞利浦公司对智慧灯杆进行运营管理。据悉，采用飞利浦的智慧灯杆相比普通灯杆可节能 50%。

洛杉矶与圣何塞市在综合多方考虑之后设置了不同的收费模式。洛杉矶采用的是建设者经营模式（Build-Own-Operate，BOO），无线通信运营商需通过向飞利浦公司支付费用，由飞利浦公司为代表向洛杉矶市政府洽谈，再向洛杉矶支付智慧灯杆安装费用与对应的站址租金。洽谈成功后，无线通信运营商支付无线设备费用给爱立信公司，并确定安装位置。而圣何塞采用的是转让经营模式（Build-Operate-Transfer，BOT），由无线通信运营商向爱立信支付无线设备费用，再向飞利浦公司支付 N 年的用电等相关费用。

在本案例中，美国洛杉矶市与圣何塞市与多家企业合作，因地制宜，采用直接经营与转让经营的模式，发挥各大公司的专业性，提升新基建的市场化程度。

（三）现有城管领域新基建机制与模式的概述

当前，我国城管领域新基建项目呈现运营主体多元化、运营对象多样化、回报机制多种化等特点，主要分为政府运营、政企共同运营和企业运营三类，当前发展较为成熟的模式主要是 PPP 模式、EPC 工程总包模式、政府平台公司运营模式、联合公司运营模式和政府购买服务等模式，涉及的主要运营对象分为基础设施运营和系统运营两种[7]。

1. 政府和社会资本合作模式

政府和社会资本合作模式即 PPP（Public-Private-Partnership）模式，国内也称为政府和社会资本合作模式，可被视为公共部门和私营部门之间为了提供基础设施和公共服务，而达成的一种持久、复杂的合作经营关系。该模式主要由政府指定投资主体并给予项目公司经营权，由指定公司负责后续新基建项目的建设与运营，为社会各界提供服务并实现合理盈利，在政府许诺的经营期到期后，经营权将移交至政府资产管理机构。深圳市的智慧灯杆项目借鉴了 PPP 模式，由政府主导、统一规划，选定运营主体进行建设，政府下各个部门进行统一运营。在智慧灯杆的建设过程中，城管和综合执法部门主要为智慧灯杆同步规划建设相关基础设施，如智慧灯杆专用管线、接线井、配电箱、光交箱等，并为智慧灯杆预留相应建设空间，同时指导运营主体开展与城市照明、户外广告设施有关的多功能智能杆基础设施管理、维护和应急抢险工作；在智慧灯杆建设完成后，城管和综合执法部门还需定期查处擅自在多功能智能杆址控制范围内新设杆塔的行为，负责多功能智能杆挂载的城市照明设施的监督管理，综合协调和监督指导多功能智能杆广告设施设置管理工作。

2．EPC 工程总承包模式

EPC 工程总承包模式是运营公司受政府委托，按照合同约定对工程建设项目的设计、采购、施工、试运行等实行全过程或若干阶段进行承包的运营模式。通常运营公司在总价合同条件下，对其所承包工程的质量、安全、费用和进度进行负责。廉江市新型智慧城市一期项目运用 EPC 工程总承包模式，由国地科技与广东省电信规划设计院有限公司组成联合体作为总承包商，统筹推进 11 个项目建设，分三期开展各项目的设计、采购、施工。这一模式下政府直接授权给下级各主管部门进行项目采购，通过招标等方式将项目承包给工程公司，由承包商负责进一步的建设与运营，采取自建或分包等不同模式。

3．政府平台公司运营模式

政府平台公司运营模式一般由政府指定国资背景公司，再与社会优势企业合资成立新型基础设施建设（以下简称"新基建"）运营公司，负责支撑地方政府开展新基建项目的整体建设运营。由政府指定国资公司为投资主体，与社会优势企业共同投资政府平台公司，政府指定新基建牵头部门对政府平台公司进行指导与监督，同时，吸引行业领域优势企业与政府平台公司达成战略合作，共同建设运营各新基建项目。在此模式下，广东省组建新统筹机构、开展政企合作、推进"管运分离"，成立数字广东网络建设有限公司，承担"数字政府"建设运营工作，延伸出两种运作方式，一是与运营公司合作，在本地成立办事机构或分公司；二是成立本地运营公司，协同推进合作。这一案例中，数字广东公司承担了数字政府方案设计以及省级电子政务基础设施和系统的建设运维工作，提供解决方案、系统管理、应用开发、数据融合、安全机制等专业化综合服务，国企和私企都充分发挥了各自所长。

4．联合公司运营模式

联合公司运营模式一般由政府指定国资背景的公司与社会优势企业合资成立新基建运营公司负责支撑地方政府开展本级智慧城市项目建设运营。由新基建主管部门购买联合运营公司的服务，并对其行为进行监督考核，由联合运营公司对新基建项目进行建设和运营，为社会各界提供服务。上海在此模式下推出"随申办市民云"运营服务项目，由万达信息股份有限公司与上海市国资平台公司合资成立上海市民信箱信息服务有限公司，为"随申办市民云"App 提供主要运营服务，并受上海市大数据中心业务指导和监督。该案例提出了清晰的管理运营架构、利益分配和评估监督机制，弥补了联合公司运营在监督机制方面的不足。

5. 政府购买服务模式

政府购买服务模式是指通过发挥市场机制作用，把政府直接提供的一部分公共服务事项以及政府履职所需服务事项，按照一定的方式和程序，交由具备条件的社会力量和事业单位承担，并由政府根据合同约定向其支付费用。一般是由新基建牵头部门和服务需求部门进行服务采购，由各集成商和企业对新基建相关项目进行建设运营，为社会各界提供服务。北京朝阳垃圾分类基于政府购买服务模式推出了"互联网"创新模式。由政府牵头试点，在双井街道社区开展"互联网＋垃圾分类"模式的试点，在劲松街道所辖社区开展"互联网＋可回收"全程管理模式。朝阳区的"互联网＋垃圾分类"模式主要是对小区的厨余垃圾进行收集，居民们通过下载"分一分"App 软件进行扫码积分兑换奖品。

四、广州城市管理新基建机制与模式的共性问题

通过对广州市城管执法局（科技信息处）、广州市白云区云城街道及三元里街道和前述承建单位的深度访谈，项目团队进一步了解了当前广州市城市管理新基建机制和模式的实践状态，并总结了以下五个共性问题。

（一）缺乏统一数据库建设标准，数据搜集呈现碎片化状态

广州市政府将"一网统管"作为协同治理的关键抓手和城市数字化转型治理的重点方向。调研显示，尽管各类智慧城管项目都有创建大数据平台，但因缺乏统一的建设标准和指导意见，缺乏顶层设计和统一架构，不同实践模式各自为战，独立运行系统，未来可能将造成一系列问题。首先，城市管理新基建中的不同模式有各自的建设形式和数据平台，数据库的衔接和信息共享会因系统的不兼容性、技术标准不统一而形成一个个"数据孤岛"。各平台分别建立自己的数据信息系统，使得不同模式在运算程序和统计口径方面具有较强的异质性。其次，各项目对新型基础设施投入的密度、广度和类型的差异较大，在数据方法和标准差异较大，数据的颗粒度和内容不一致，容易造成重复采集和资源浪费，为今后广州全市

层面的统一协调带来难度。在推进城管综合服务平台建设的过程中，碎片化的信息和数据导致各模式在平台间难以开展有效互动和及时的资源共享，难以联动广州全市镇街和相关部门对多跨疑难事项进行统一处理。这种缺乏整体治理思维的城管新基建最终会加剧各模式的碎片化状况，不利于城市全周期管理和构建城市综合管理服务平台的一体化。政府如何对信息平台建设进行整体把控和顶层设计，从治理的全局性和综合性出发进行平台结构的设计，是当下亟须解决的重点问题之一。

（二）市场主体盈利模式尚未厘清，部分项目可持续性存疑

城市管理新基建项目实现了众多公共服务的降本增效，但其参与建设的市场主体仍未厘清盈利模式，部分项目的可持续性存疑。城市管理新基建作为一项商业周期极长的"迂回生产"，在市场主体进行投资建设和开发过程中，若没有形成良好的商业闭环，将很难准确评估未来的现金流收益，市场主体的盈利模式及其项目可持续性难以获得保障。课题组在实地走访中发现，鹤边村、三元里和广州塔项目均未能实现盈利，目前仍处于亏本经营状态，这一现象与项目落地时间尚短有关，但市场主体未能找到或实现有效的盈利模式则是其根本原因。我们发现，这三种模式中的任意一种，市场主体要想获得盈利的必要条件之一就是实现"规模化"经营，在规模化的基础上实现集约化，进而产生利润。但目前由于基层治理中涉及的利益主体繁多，尤其是建成区的资源已经有既得利益者，再进行公共资源的重新配置难度极大。

在加快推进城市管理新基建的进程中，部分项目在其可持续发展上也存在一些困难和问题。城市管理新基建项目牵涉面广、迭代周期短，单靠政府的财政支出将难以支撑大规模的建设。但当前部分项目仍严重依赖财政经费，对于市场资金的利用不足。传统基建项目主要依靠政府财政的引导和支持，但这种支持对于规模庞大和新技术需求较高的城市管理新基建而言，仅能勉强满足其前期项目开展的需要，无法支持项目持续运营和发展。从宏观条件看，当前我国财政压力剧增，政府对地方政府举债融资的"严监管"已成为常态。在此背景下，传统依靠政府融资来支持新基建的老路已行不通。但由于市场缺陷或投融资体制机制尚不健全，城市管理新基建融资的巨大缺口也无法由市场机制单独调节。如何发挥政府和市场双重机制优势、优化城市管理新基建融资模式、探求不同类型的城市管理新

基建适配供给模式是未来需要关注的一个方向。

（三）多元主体利益协调困难，合作机制尚待明晰

城市管理新基建项目需要在统筹协调多元主体利益关系的基础上，最大限度地提高公共服务价值，提高行政效率。但作为新建项目，不可避免地和原先存在的多元利益主体产生冲突。城市管理新基建作为一项涉及多元利益主体的系统工程，涵盖了政府部门、村民、村委、承建方等核心利益群体。但从目前的实践情况来看，利益主体的协调存在诸多难点。课题组通过走访调查得知，鹤边村受村内私人回收作坊的影响，承建方无法最大程度整合垃圾资源，实现规模效益；停车场项目作为鹤边村的主要收入来源之一，具有较大的经济潜力和发展空间，但村委并没有和承建方开展合作的意愿。承建方难以插手足够多的社区管理业务，原先承包该村业务的部门、组织和企业也并没有让位的想法。

城市管理新基建绝不仅仅是一个规划问题，还是一个深刻的社会问题。在鹤边村模式中，政府、村委、承建方和村民之间缺乏联结纽带，各利益主体之间缺少共同利益，角色定位尚未厘清，且各利益方的诉求和行为容易产生抵触情绪，造成各方争相攫取有限资源和机会，限制了建设项目的持续推进。因此，建立凝聚多元利益主体共识、构建互利合作机制、推动多维利益的平衡是实现城市管理新基建稳健发展必不可少的组成部分。

（四）政府角色定位不明确，配套政策有待完善

自 2020 年广州市作为住房城乡建设部第一批新型城市基础设施建设试点城市起，新基建的相关政策和标准相继出台。但目前尚未形成完整全面的政策体系，在一定程度上影响了城市管理新基建的有序发展。首先，政府出台了一系列指导性意见和政策性法规，但绝大多数都是从宏观角度出发，操作细节和建设标准尚待厘清。针对城市管理新基建中"谁去做、怎么做"还没有做出明确规定。其次，城市管理新基建作为一种准公共物品，需要政府通过政治过程来确定其目标、标准以及规则，并采用监管和补偿的方式来保证其顺利实施。但由于新基建项目的技术性和风险性较高，政府资金的配套支持政策难以出台。尽管城市管理新基建的众多项目能带来巨大效益，但由于政府缺乏规范引领，对城

市管理新基建的相关政策相对滞后，相关规范较为缺乏，权责范围没有明确统一的界定，对项目有序推进造成了潜在风险。如鹤边村承建方主营的垃圾资源化项目，由于政府并未通过建立统一标准、核查经营许可证的方式对私人作坊进行监督整改，承建方在垃圾资源化上遇到困难，在一定程度上影响了项目进展。

（五）部分项目涉及不完全契约，不确定性较大

城市管理新基建作为一种准公共物品，项目合约一般为不完全契约，通常涉及较高的交易成本，有大量事项难以通过合约进行详尽约束，使项目本身存在较高不确定性。这一现象在城中村的智慧城管项目中可能更为突出。在实践过程中，由于项目运行的长期性、环境的不确定性和缔约方的有限理性，可能产生可持续性风险。首先，当合同存在模棱两可的条款时，委托方、承建方可能无法对不完全契约中含义模糊的部分达成一致，从而提高冲突的可能性。其次，在履约过程中可能出现额外的工作变化，这可能使城市管理新基建的交易成本大幅度增加。以鹤边村项目为例，承建方希望通过开放公共资源来达到盈利目的，但这些村内资源如何开放、不同类型的产品如何定价、如何进行利益分配均没有在合约中进行约定。对这些细节达成共识成为项目盈利点能否实现的首要条件，但是，共识达成的过程涉及大量谈判和协调过程，当中存在较大不确定性。再次，承建方和村委双方若要维持长久的合作关系，诚信是基础和前提。但在实际履约过程中，如果缺乏统一的管理规范，一旦某一方失信，则另一方将处于弱势地位，很难维护自身的利益，从而导致契约失败。由于资产专用性的存在，双方将处于一种双边垄断的关系，承建方成为垄断者后，可能会为了减少成本投入而降低城市管理新基建的质量，从而损失社会公众的利益。在契约不完全性和交易费用的影响下，市场理性并不必然将在现实中得到实现。因此，如何健全城市管理新基建监管体系、构建新基建服务评价体系是未来迫切需要解决的难题。

五、广州城市管理新基建有序推进的政策建议

基于广州市城市管理新基建机制和模式存在的共性问题，本研究从供给结构、建设标准、政府角色与责任边界、多元主体协同机制、融资模

式、市场主体责任以及应用场景的扩展等方面提出优化策略，以便城市管理新基建有序推进，提升广州城市管理新型基础设施建设效能。

（一）加强统筹规划，优化新型基础设施供给结构

有序推进广州城市管理新基建的关键在于顶层设计，统筹规划新基建项目的各方面、各层次以及各要素，以便集中有效资源并快速实现供给结构优化。供给结构也就是生产结构，包括供给对象、供给主体和供给方式等。根据课题组的访谈，当前不同城市管理新基建项目的财政资金和社会资本比重呈现两极化状态，或完全依靠财政经费，或完全依赖社会资本，供给结构有待进一步优化。据此，课题组建议加强统筹规划，制定出台省市级层面的政策，落实好城管领域新型基础设施建设规划和实施方案，促进区域协同和集约共建，引导各个街道城管领域新基建项目有序发展，推动新型基础设施体系化发展，提升新型基础设施的整体发展效能。其次，建议坚持运用多元共治理念来优化和创新城市管理新基建的供给结构，通过吸纳多元主体参与城管领域新基建的合作供给，同时合理规划财政经费和社会资本等供给要素的配置比例，实现多元共治的愿景，推动新型基础设施高质量发展。

（二）科学制定建设标准，推进分类精准施策

通过调研发现，当前广州市城市管理新型基础设施建设的模式和标准不一，对于参照哪些标准，符合哪些上位法律法规以及部门规章暂未全面梳理。基于此，课题组建议由广州市城管局牵头，确认广州对城市管理新基建的具体需求，并依据城市特色和实际需求制定新型城市基础设施建设标准，细化、量化管理指标，实行精细化管理、标准管理和达标管理。针对城市运行管理服务平台建设标准问题，建议根据《住房和城乡建设部办公厅关于全面加快建设城市运行管理服务平台的通知》（建办督〔2021〕54 号）精神，各市区严格按照《城市运行管理服务平台技术标准》（CJJ/T 312—2021）、《城市运行管理服务平台数据标准》（CJ/T 545—2021）和《城市运行管理服务平台建设指南（试行）》统一标准规范，纵向联通区平台，横向整合对接市级相关部门信息系统，汇聚全市城市运行管理服务数据资源，增强数据颗粒度与内容的协调性，从而加快与"穗智管"城市运行管理中枢的对接，同时缩短高度适应性信息化管理平

台的建设成本和周期。另外，建议采用分类管理的思维，联合广州市政数局、各区城管局、相关镇街等研究制定相关考核方案（依照《广州新一轮推进智慧城管建设出新出彩工作思路与措施》），以网格化的形式开展考核工作，加快完善环境卫生、市容市貌、照明、执法等行业作业规范化标准，推行行业自律规范。

（三）明确政府定位与责任边界，完善配套支持政策

新基建作为一项长期而艰巨的复杂工程，离不开政府的科学指导与多渠道的资金投入。职能部门除了提供财政资金外，还需承担行政管理职能，制定建设标准以指导行业规范，提升公共服务供给水平。根据《广州城市管理和综合执法局关于印发推进广州市新型城市基础设施建设实施方案的通知》（穗城管〔2021〕185号）和《广州市人民政府办公厅关于印发加快推进广州市新型城市基础设施建设实施方案的通知》（穗府办函〔2020〕99号）文件精神，各牵头单位、部门要明确责任分工，完善工作机制，充分发挥政府引导的角色定位。课题组建议应设置权责清单，明晰各行政主管部门的角色定位和责任边界，防止出现推诿扯皮。同时要求政府退居于市场监管者和公共服务提供者的角色，提升对企业的信任度，不直接地参与微观经济和社会具体事项中，目的在于提升生产要素的市场化程度，激发市场活力。其中，城管部门在管理中要灵活调度，主动作为，对无法确认责任部门且影响较大的问题，承担兜底责任，先解决问题后分清责任。

当前新基建项目的资金来源较为单一，可持续性受到影响，课题组建议完善配套支持政策，创新盈利机制，继续采用分类管理的思维精准施策，针对不同模式制定差异化的财政资金补贴标准，以便吸引市场主体和社会资本参与新基建。在组织实施、中期评估、总结示范等阶段，政府不仅应当从政策导向上为新基建发展开路，还应当创造软环境，在示范应用、公益类应用及政务类应用等各个方面，通过金融支持、落实优惠政策等多种形式鼓励全社会积极参与新基建，让人才、技术、资金等要素优先流向新基建覆盖的行业，从而加强公共资源配置的合理性。政府作为新基建的核心主体，应优化融资模式，建立专项资金，实行专款专用，鼓励引导有技术有优势的企业参与到建设中来；借助更多社会力量进行市场运营，将民间资本引入到城市管理新基建中，进而引导多元利益主体在智慧

化道路上不断探索前进，实现产业联动，提升新基建项目的影响力和带动力。

（四）凝聚共识，化解冲突，构建多元主体协同机制

调研显示，不同街道、不同村委对城市管理新基建的认识有较大差异，形成了各自探索、未达成共识的碎片化局面。由于城市管理新基建项目涉及的区域范围和利益主体十分广泛，建议由广州市住房城乡建设局牵头，市委宣传部、市城管局和各区政府配合（依照穗府办函〔2020〕99号），加大宣传力度，明确新型城市基础设施建设的一般化标准，形成多元主体的统一共识。其次，由于不同新基建模式所依托的大数据平台有所差异，跨界统筹的碎片化问题难以避免，广州市城管局调取数据需要逐一征询区各权属单位（公安局、政数局等）的意见，但各主体单位的意见征询和协商时间往往过长，时间成本较高。同时根据穗府办函〔2020〕99号精神，城市综合管理服务平台建设要依托"穗智管"城市运行中枢，实现城市管理事项"一网统管"。课题组建议市政府层面除制定全市各社区新基建的统一标准外，还需针对各大数据平台设置统一指引，增强各部门间的统筹协调，便于构建综合性城市管理数据库，提升全市镇街全域服务治理效能。建议由行业主管部门（城管局科技信息处）牵头，通过召集其他相关部门和各区政府召开联席会议，讨论并制定指挥平台优化升级的方案，对跨界问题进行协调安排，整合汇聚所有业务，解决跨平台间的信息不对称问题，消除信息孤岛和系统烟囱，真正促进跨部门、跨行业的系统融合和业务协同。再次，建议由城管局牵头、各相关政府部门、企业、科研机构等单位配合，成立科技协同创新中心，作为多元主体协同的领导机构，加快建立多主体协同机制，实现跨部门的政务协同，提高行政效率。

（五）调动市场积极性，优化城管新基建融资模式

城市管理新基建对象包括5G基站、大数据平台等设施，在发展的不同阶段需要持续投入增量资金以支持发展。与传统基建相比，新基建具有科技含量高、资金需求大等特点，仅靠财政资金支持远远不够。"财政＋银行"的传统融资模式在投资周期、投资方式和投资金额等方面已不能完全适应新基建的融资需求。课题组建议拓宽融资渠道，优化融资模式，

在有限财政资源的约束下，更大限度地调动市场积极性，发挥市场作用，通过不同投资主体、投资工具、投资周期等投融资方式来支撑项目建设和落地。就城市管理新基建而言，应以市场投资为主、政府投资为辅，同时引入社会资本和管理，提高资金的使用效率。其中，政府一般采取直接投资的方式，建议政府在实施投资方案时，可根据项目特征和类型（如经营性和非经营性）匹配投资方式，对于急需支持的经营性项目而言，可采取资本金注入、投资补助、贷款贴息等方式，发挥政府在投资资金方面的引导和带动作用。同时盘活项目资源，下放运营管理权，使企业能够从广告、服务和深度开发现有公共资源中获得附带收益，并进一步增强融资渠道的灵活性和多样化，如企业通过银行贷款和发行股票为项目融资，公众为其所享受的新基建服务支付费用，政府部门从中收取税收等，从而保证项目的可持续发展。

（六）正确发挥市场优势，强化各主体责任意识

城市管理新基建的模式、领域和主体日益呈现多元化趋势，急需政府和市场形成合力。市场主体的重要角色在于寻求并开展新的项目，并在公众能够支付的价格水平上提供服务，满足公众的需求，同时分担一些本来由公共部门承担的风险等。但城市治理最终的责任人还是政府本身。为了正确发挥市场优势，避免产生市场失灵现象，新基建各行政主管部门需要落实市场主体日常维护系统的责任，强化企业依章办事的意识，跟进监管工作。另外，应由智能设施运营企业行业主管部门制定日常维护设施的标准化规则，加强行业指导。对于作业情况不理想、设施维护不规范的企业，建议推行企业黑白名单制度，实行信用分级分类管理，并且联合"信用广州""信用广东"以及"信用中国"等信用评价平台，对于失信企业和从业人员进行严格监管。此外，企业作为新型城市基础设施的运营方，需建立完整的信息化系统。在履行好自身主体责任的同时，应充分发挥自身优势，制定合理的业务模式，重新梳理规范化的流程系统，实现人工与机器的最优配置。同时执行员工管理联合化的考核制度，提升员工的服务水平，真正实现降本增效。

（七）强调建用并重、以用促建，以公众需求为中心扩展应用场景

城市管理新基建最根本的驱动力是人民群众对美好生活不断增长的

需要。因此，城市管理领域新型基础设施的建设应以人民为中心，认真倾听并加强对公众需求的重视，围绕公众的日常生活和生产需求创新，进一步丰富城市管理新基建的应用场景。同时根据实际情况向公众收取费用，提高项目盈利的可能性，增强城市管理新基建项目的可持续性。另外，场景式研发作为推动新型基础设施建设的重要路径，"场景牵引"应贯彻新型基础设施规划建设的始终，建议以公众需求为中心统筹推进城市管理领域新型基础设施的建设，实现适度超前布局，同时合理规划新型基础设施的布局重点、建设次序和规模，真正实现建用并重、以用促建的目标。积极打造各类项目的应用样板，加快推动城市管理中智慧水务、智慧燃气、智慧环保、智慧安防等领域的数字化建设，明晰相关应用场景的规划，进一步培育智慧城管的应用市场，逐步打造城市管理新基建标杆示范作用。

参考文献

［1］康凌. "人民城市人民建，人民城市为人民"重要理念的理论内涵和实践价值研究. ［A/OL］. （2020 – 10 – 20）［2024 – 06 – 01］. https：//m. sohu. com/a/425941807_120144758？_trans_ = 010004 pc-wzy.

［2］陈海燕. "人民城市人民建、人民城市为人民"的基层民主政治价值［J］. 中共成都市委党校学报，2021（3）：5 – 9.

［3］周爱民. 以共建共治共享拓展社会发展新局面［A/OL］. （2022 – 09 – 16）［2024 – 06 – 01］. https：//m. gmw. cn/baijia/2022 – 09/16/36027475. html.

［4］王斌通. 以共建共治共享构建社会治理共同体. ［A/OL］. （2020 – 09 – 21）［2024 – 06 – 01］. https：//theory. gmw. cn/2020 – 09/21/content_34206997. htm.

［5］北京市城市管理委员会. 1. 88 万根公共充电桩互联互通［A/OL］.（2022 – 10 – 30）［2024 – 06 – 01］. http：//csglw. beijing. gov. cn/zwxx/zwdtxx/mtbd/201912/t20191204_846845. html.

［6］上海市城市管理行政执法局，金山城管："非现场执法". ［A/OL］.（2022 – 10 – 30）［2024 – 06 – 01］. http：//cgzf. sh. gov. cn/channel_

50/20210910/b303c444369f4e2db64fe945429582f0. html.

［7］李晓华. 面向智慧社会的"新基建"及其政策取向［J］. 改革，2020（5）：34 - 48.

城市管理标准化建设研究

——以越秀区大塘街为例

李绥州　林雅敏　唐小露　李绮琪

（中共广东省委党校［广东行政学院］）

摘要： 标准化是城市管理的技术支撑，是实现城市管理精细化的基础性工作，也是城市治理体系和治理能力现代化建设的重要组成部分。广州市作为国家一线城市、超大城市、国际化大都市、国际标准化创新型城市试点单位，城市管理如何应用标准化技术进一步提升治理水平？据此，本研究报告试图回答以下问题，广州市城市管理对标准化建设的需求空间在哪里？如何构建满足广州市城市管理需求的标准体系？各单项标准如何生成？广州市城市管理推进标准化建设的技术路径如何设计？标准化建设如何落地实施？为此，课题组以越秀区大塘街为例，通过文献分析、沉浸式体验和问卷调查等研究方法，以期通过越秀区大塘街个案的"小切口"，透视广州市城市管理标准化建设的"大盘子"，最后给出广州市城市管理标准体系表及实施路线图，为广州市推进城市管理标准化建设提供理论支持。

关键词： 城市管理；标准化；体系构建；广州市

城市管理是市、区、街道三级结构，其中，街道是城市管理和社会治理的基础，是巩固基层政权、落实党和国家路线方针政策的依托，是联系和服务群众的纽带，城市基层治理水平直接影响市民的幸福感、获得感。"小城管"治理，是城市得以有效运行的核心和根基机制，提高城市基层管理标准化水平，有助于推动城市管理向高质量发展，实现结构性、长效性的转变。与此同时，随着城镇化不断推进、城市规模不断扩大，基层城市管理业务也与日俱增，其精细化管理和标准化支撑的需求更为突出。故本研究以广州市越秀区大塘街作为典型案例，寻找当前基层城市管理标准化建设的空间，了解当前基层城市管理所需标准的缺口。借此，给出广州市基层城市管理标准体系表，明确标准化建设的内容和方向。需要说明的一点是，本研究所指使用的概念"城市管理"，聚集城市管理一线业务，即环卫保洁、市容市貌、垃圾分类、燃气安全管理、综合行政执法等职能与业务的管理与服务活动。因此，文中所用的"广州市城市管理标准化"等同于"广州市基层城市管理标准化"。

一、国内城市管理标准化建设背景

城市是人类社会发展到一定历史阶段的产物。随着城市化水平逐步提高、城市规模逐步扩大，甚至超级城市群的形成，城市特别是超大城市的管理的复杂性也迎来了前所未有的挑战[1]。城市管理系统具有高度的开放性、系统性和复杂性[2]，为达成治理目标，让城市管理相关方选择并尽快掌握一个有效的管理方法，实施高效、有序、协调、可持续的科学管理。这里需要提出的问题是，实现上述目标、全面提升城市管理水平，路在何方？要推进城市管理高质量发展，一个具有实际意义的选项是管理工具或技术的应用。当前，城市管理的技术工具存在传统与现代之别。在传统意义上以"规制＋激励"为特征的治理技术，在压实管理责任、强化行为激励发挥了一定的作用；在互联网背景下发展起来的信息技术工具，如大数据、网络、人工智能等为实现城市管理现代化提供了新思路[3]。然而，传统"规制＋激励"技术在快速发展的现代化浪潮中出现技术滞后、组织僵化等困境；信息技术在快速更迭的应用发展中出现数据割据、部门壁垒、系统林立等挑战。在这一背景下，亟须优化整合"传统—现代"技术，释放城市管理效能，而标准化因其协调、稳定、规范、统一的优势成为支撑城市管理可持续发展的"重要法宝"[4]。

党的十八届三中全会通过的《中共中央关于全面深化改革若干重大问题的决定》将"标准"提到与"战略、规划、政策"同样重要的高度。标准规则与制度规则共同成为国家治理体系建设的重要支撑。习近平总书记指出，"标准助推创新发展，标准引领时代进步"[5]，"标准决定质量，有什么样的标准就有什么样的质量，只有高标准才有高质量"[6]。标准化作为治理现代化的基石，极大契合了城市管理的需要，其作为城市管理法规体系的有力补充，在明确城市管理法规依据的基础上，形成一套可操作、可量化、可考核、可监督的城市管理规范体系[7]。据统计，截止到2022年10月，与基层城市管理业务有关的标准大致情况为：一是国家标准7个，其中有关垃圾分类4个，环卫保洁2个，燃气管理1个；二是行业标准共16个，其中垃圾治理8个，环卫保洁4个；市容市貌和综合行政执法标准较少，分别为1个；三是地方标准共61个。全国大多数省市都在积极投身于城市管理标准化建设，例如，北京应用"标准治市"的理念进行顶层设计、构建了城市管理领域标准体系[8]；江苏省发布全省统一的《江苏省优秀管理城市标准》推动城市精细化管理；深圳发布《城市可持续发展城市服务和生活品质评价指标体系》地方标准等。总的来看，当前城市管理标准化建设已取得一定建设成效。一是重点领域上已经形成了标准，主要集中在市容市貌和环卫保洁、垃圾清运处理、市容秩序维护等，这些是基层城市管理由"杂乱无章"向"合理有序"转变的重要保证。二是标准内容上重实用，可操作性强，针对不同的管理区域、对象和时段，分类制标，提出不同程度的管理要求。三是随着城市管理向数字化、智能化的转型迈进，各地区城市管理已将标准化管理、研制、宣贯、实施等工作纳入数字化运行，以标准规范数据联通，推动城市管理高质量发展。但其中也仍存在不足，一是从规模上看，国标、行标数量明显低少，远远满足不了宏大、繁杂的城市管理工作的需要。二是在深化"放管服"改革的背景之下，为下好城市管理"一盘棋"，提高服务效率和质量，需要进一步制定相关的多元共治、协调联动等标准[9]。三是当前城市管理综合行政执法的标准还较少。有些城市虽然制定出台了一些行业管理规范标准，但有的标准不高、针对性不强、内容缺失，还有一些由于没有明确监督部门，导致执行标准走样、落实标准打折，标准执行不到位。

广州作为国家一线城市、超大城市、国际化大都市、国际标准化创新型城市试点单位，实际管理服务人口超过2200万、流动人口超过1000万。庞大的人口数量和繁多的城市管理业务，使得广州推进城市管理现代化、精细化面临更为复杂的挑战。如何应用标准化技术开展高效、有序、协调、可持续的现代化科学管理，发挥城市运行的整体优势、聚集效应，是广州市城市管理迫在眉睫的课题。据此，本研究以越秀区大塘街为例，试图回答以下问题，广州市基层城市管理对标准化建设的需求空间在哪里？如何构建满足广州市基层城市管理需求的标准体系？各单项标准如何

生成？广州市基层城市管理推进标准化建设的技术路径如何设计？标准化建设如何落地实施？

二、广州市城市管理标准化建设现状、存在的问题与需求分析

（一）广州市城市管理标准化建设现状

广州市作为超大型一线城市，其体量之大、人口之多、发展之快、运行管理之复杂，可以说在全世界都很罕见。如果没有一套科学适用的管理标准，城市运行简直是难以想象的。近年来，广州市创新工作思维，充分发挥标准化基础保障、创新推动和技术引领作用，积极实施标准化战略，紧紧围绕广州市城市管理中心工作和重点任务，用足"绣花功夫"，不断提升城市管理"温度"。2018 年，广州市城市管理委员制定出台了《广州市城市精细化管理制度汇编》，收集整理了截至 2018 年 12 月为止城市管理领域现行常用的法律法规、部门规范性文件及行业标准规范，为各部门加强、改进精细化管理工作，实现城市管理的科学化、规范化提供了有力的支撑。目前，广州市基层城市管理的标准主要分为环境卫生领域、垃圾治理领域、市容景观领域、燃气管理领域、城市管理综合行政执法领域（表 2 - 7）。

表 2 - 7　广州市基层城市管理现行标准清单

序号	领域	标准名称
1	垃圾分类	DB 4401/T 144—2022 生活垃圾分类设施配置及作业规范
2		GB 50337—2003 城市环境卫生设施规划规范
3		GB 50869—2013 生活垃圾卫生填埋处理技术规范
4		CJJ/T 102—2004 城市生活垃圾分类及其评价标准
5		CJJ/T 47—2016 生活垃圾转运站技术规范
6		CJJ/T 212—2015 生活垃圾焚烧厂运行监管标准

续表

序号	领域	标准名称
7	环卫保洁	广州市环境卫生作业规范
8		广州市环卫精细化作业和管理指引（试行）
9		广州市城中村环境卫生工作指引
10		DB 4401/T 206—2023 建筑废弃物运输车辆标志与监控终端、车厢规格与密闭
11		DBJ440100/T 270—2016 生活垃圾运输车辆管理技术规范
12	市容市貌	城市容貌规范
13	燃气管理	管道燃气石油气（气态）
14		市政燃气管道设施巡查管理规范
15		液化石油气企业设施人员配备和安全管理规范
16	综合行政执法	广州市城市管理综合执法工作指引

1. 环境卫生

按照广州市委、市政府打造"干净、整洁、平安、有序"城市环境的要求，广州市发布了《广州市"10 路 10 场"高标准示范区域清扫作业和管理指导意见》《广州市"10 路 10 场"高标准示范区域和 34 条精细化重点道路环境卫生长效提升工作方案》《广州市"10 路 10 场"高标准示范区域和 50 条环卫保洁精细化重点道路清扫保洁作业和管理一览表》。此外，广州市还制定了《广州市环境卫生作业规范》《广州市环境卫生作业质量规范（试行）》《广州市环卫精细化作业和管理指引（试行）》《广州市城中村环境卫生工作指引》等规范，并执行使用《建筑废弃物运输车辆标志与监控终端、车厢规格与密闭》（DB4401）、《生活垃圾运输车辆管理技术规范》（DBJ440100/T 270—2016），对道路清扫保洁等级、清扫保洁作业、不同的道路等级选择适合的保洁作业方式等作出规定，有效减少了资源浪费和提高了作业效率。

2. 垃圾治理

近 20 年以来，广州市逐步探索出一条特色的生活垃圾分类之路，尤其在近几年，不断加强城市管理法规制度体系建设，先后出台、修订了《广州市城乡生活垃圾分类管理条例》《广州市建筑废弃物管理条例》《城市生活垃圾经营性清扫、收集、运输和处置服务行政许可实施办法》《广州市居民住宅装饰装修废弃物管理办法》《广州市收取城市生活垃圾处理费实施细则》《广州市生活垃圾终端处理设施运营监管办法》等多部地方性法规、行政规范性文件。同时，以标准作为政策、法律法规的补充，执行使用《生活垃圾分类设施配置及作业规范》（DBJ440100/T 238—2015）、《城市环境卫生设施规划规范》（GB 50337—2003）、《生活垃圾卫生填埋处理技术规范》（GB 50869—2013）、《城市生活垃圾分类及其评价标准》（CJJ/T 102—2004）、《生活垃圾转运站技术规范》（CJJ/T 47—2016）、《生活垃圾焚烧厂运行监管标准》（CJJ/T 212—2015）等国家、行业、地方标准，细化了生活垃圾分类前端处理和后端处理的各个环节。

3. 市容市貌

在市容市貌领域，广州市主要依据 2012 年 5 月发布的广州市地方技术规范《城市容貌规范》。《城市容貌规范》对涉及广州市城市容貌景观的建（构）筑物、名胜景观、公共设施、园林绿化、广告标识、路桥设施等作出了详细规定。如对广州的临街建筑物外墙作出了定期清洗的要求，清洗的频率则根据外立面的材料而定；临街商店应整洁、安全、美观，宜采用透视的防护设施；城市道路在新建、扩建、改建、养护、维修等施工作业时，采取有效防尘、降尘措施，保持施工现场和周边环境的清洁；夜景亮化设施的图案、文字、灯光显示残缺或者污浊、腐蚀、陈旧以及损坏的，应及时清洗、修复、更换等，进一步加强城市容貌管理，规范市容秩序。

4. 燃气管理

当前，广州市在燃气管理领域发布并实施的标准主要有 3 项。《管道燃气石油气（气态）》是在《液化石油气》（GB 11174—2011）等有关标准和规范的基础上，结合广州市管道液化石油气运行的实际而制定的。《市政燃气管道设施巡查管理规范》对机构设置、巡查人员配备及装备配置、巡查工作内容、巡查工作要求做出了规定。《液化石油气企业设施人员配备和安全管理规范》对设施要求、安全机构设置、人员配备、抢险队伍要求、管理制度建设、应急管理做出了规定。

5. 城市管理综合行政执法领域

2021 年 5 月,广州市城市管理和综合执法局制定发布了《广州市城市管理综合执法工作指引》(以下简称《指引》)。该《指引》以法律法规为依据,按照"市容环境卫生管理类、城乡规划管理类、环境保护管理类、市政管理类、工商行政管理类、燃气管理类、水务管理类、建设工程管理类、人民防空工程管理类、白云山管理类、养犬管理类、停车场管理类"等 12 类执法事项进行划分,对执法权责边界、行政执法流程、处罚法律规定作出了细致的规范,为做好市区街(镇)城市综合执法与综合行政执法的业务衔接提供了指导。

总的来看,广州市城市管理标准化建设呈现出如下特点:一是采标与制标相结合,既积极采用国家标准、行业标准,同时也结合广州实际,推出一批科学适用的地方标准(技术规范);二是标准内容总体上可测量、可感知,实用性强、可操作性强;三是涵盖大部分的城市管理业务内容,基层城市管理的问题有作业要求、责任规定和考核办法;四是管理上越来越重视标准的技术支撑作用,发挥标准在城市管理中的作用。

客观来看,广州市城市管理标准化建设取得了应有的成效。如城市环境卫生明显改善,主次干道机械化清扫率达 100%,实现市政道路保洁全覆盖;垃圾分类收运全链条提升,创建 600 个精准分类示范小区(社区),创建首批 500 个星级投放点,生活垃圾回收利用率超 38%;市容品质不断提升,创建示范街(镇)55 条,惠及市民群众超过 400 万人;民生服务管理不断优化,全市管道燃气覆盖用户数增加到约 390 万户,用气评价指标 2019 年全省排名第一[10]。

(二)面临问题与挑战

广州市城市管理标准化虽取得积极的进展,但由于城市管理涉及要素多、管理的系统性强、利益相关方复杂、城市运行节奏演进快等特征,广州市城市管理标准化工作仍面临诸多问题和挑战。为准确把握基层城市管理存在的问题,课题组采取跟队学习、沉浸体验,入驻大塘街道办事处城管办、大塘街综合行政执法办、大塘街环卫站开展了为期近半个月的沉浸式体验,以期获取基层城市管理的业务内容、管理要素等第一手资料和直接经验,以及通过"大塘街城市管理质量满意度调查问卷"了解大塘街居民、商户对基层城市管理的满意度与标准化建设的需求,总结大塘街基层城市管理的不足之处。由此，课题组发现当前广州市基层城市管理在标准的数量规模及质量层次，依然有较大的改进与发展空间。

1. 治理创新标准欠缺

基层城管业务主要覆盖六大块。一是垃圾分类，含生活垃圾收转运、餐厨垃圾收运、大件物品收运、垃圾投放点清洗等；二是环卫保洁，含内街内巷保洁、道路保洁、建筑外立面清洗保洁等；三是市容市貌管理，含"门前三包"巡查与管理、容貌示范社区创建等；四是燃气管理，含安全巡查与管理；五是综合行政执法工作；六是推进镇街全域服务治理。对比发现，从基层城市管理实际运行的业务上看，部分业务领域标准还不全面，甚至缺失。首先，在市容市貌领域，"门前三包"和容貌示范区创建是近些年来广州市重要的制度和治理创新，现有的标准并未对这两方面作出规定；其次，在燃气管理领域，基层城市管理者的工作内容包括对燃气供应设施保养、燃气供应保障设施进行安全管理和评价，并且对燃气安全隐患进行处置，该部分业务内容也是缺失的；再次，在综合行政执法领域，其三定方案提及"履行城市管理综合执法职能，负责日常巡查、综合检查、违法行为查处，负责统筹协调智慧、监督各执法主体开展本辖区执法工作。对涉及多部门协同解决的事项，依托综合指挥平台协调市、区人民政府有关部门及其派驻机构开展联合执法和综合整治行动"，对比仅有的一项 2021 年 5 月广州市城市管理和综合执法局发布《广州市城市管理综合执法工作指引》，显然不能满足工作需要；最后，在全域服务治理领域，标准化工作与其融合不够深入，暂未发布相关的标准。

2. 现有标准覆盖不够全面

城市管理标准化工作，旨在通过对管理标准、工作标准的编制与固化，落实基层城市管理标准化，提高服务质量，提高群众满意度。然而，当前广州市制定的基层城市管理标准还未能满足基层城市管理者、群众和商户的需求，主要表现为以下几方面：首先，在沉浸式体验过程中，课题组了解到垃圾分类主要分为生活垃圾收转运、餐厨垃圾收运、大件物品收运，三类垃圾从分类到收运再到转运都各有不同，如收运时间、工种、流程。然而，现有的《生活垃圾分类设施配置及作业规范》（DBJ4401/T 144—2022）笼统地对作业进行规定，并未做出区分。标准的不全面，使得基层城市管理者按照其经验办事，不能有效地从标准中获取科学指导。其次，课题组跟随大塘街城管办体验燃气管理工作时发现，基层城市管理最主要的工作之一便是对餐饮场所燃气安全进行管理和巡查，甚至有时候基层城市管理人员还需要在商户、物业、住户之间开展必要的沟通协商工作，而对于这些业务内容在 2010 年广州市城市管理委员会发布的《市政燃气管道设施巡查管理规范》并未有所体现。再次，居民和商户对基层城市管理处于比较满意的状态，但在"垃圾投放点"这一项居民和商户提出了 29 条意见，例如垃圾投放点选址、垃圾投放点开放时间、垃圾投放点清洗保洁与除臭等。除此之外，大多数居民和商户认为"门前三包"存在管理易反弹，车辆乱停乱放、户外招牌存在安全性、不统一、建筑外立面空调滴水等问题。由此可见，当前有关垃圾投放点建设与管理、垃圾分类、门前三包等标准还较为欠缺。

3. 现行标准发布时间过久，需要启动修订程序

从标准的时效性看，当前部分标准由于发布时间久远，内容上未能及时更新，存在与新出台的政策、法律法规衔接不足，与国家、行业层面的标准衔接不足的问题。如 2012 年广州市发布的《城市容貌规范》中对主要道路和重点地区给出了详细的名单，其初心是建立健全全域保洁与重点区域保洁相结合的工作机制，选取重点区域作为环卫精细化保洁区域，严格按照环卫精细化作业和管理指引进行精细化保洁作业。然而，《城市容貌规范》给出的主要道路和重点地区名单是依据《广州市市容管理主要道路和重点地区范围的通知》而制定，该通知 2008 年发布，经广州市人民政府网查询该通知现已失效，以此给出的主要道路和重点地区名单不符合新时代城市管理现状。再如 2004 年发布的《城市生活垃圾分类及其评价标准》给出了垃圾分类的评价标准，但与《2022 年广州市生活垃圾分类处理工作考核方案》未能有效衔接。

4. 标准化提升效应还不显著

广州市已建立了完整统一的道路保洁作业规范，对道路清扫保洁等级、清扫保洁作业、不同的道路等级选择适合的保洁作业方式等作出规定。然而，针对"内巷、道路日常清扫保洁工作"业务，居民和商户共提出 30 条意见，例如道路冲洗不干净、清扫不到位等。这说明在有标准的情况下，由于受到城市管理人员对标准的理解程度不同、执行程度不同、重视程度不同，一定程度上影响了标准化工作的整体推进效率。为此，广州市基层城市管理标准化建设应进一步强化基层管理人员的监管、培训。

5．城市管理标准化的顶层设计有待完善

虽然广州市在很多领域开展了大量的城市管理标准化探索，取得了一定成效，但标准化工作仍以城市主管部门为主推进，所发布的城市管理相关标准及规范大多针对的是特定的职能业务，相对而言比较零碎。城市管理标准化工作缺乏牵头机制和顶层设计，没有形成一个与城市管理现阶段发展需求相适应的标准体系，不同领域的标准研制过程相对独立，缺乏协同机制，相关标准仍显割裂，从标准化工作的角度出发统一规划设计标准体系尚显不足。在国家标准、行业标准、地方标准的衔接性上有待进一步理顺。因此，广州市城市管理标准化建设亟须建立广州市城市管理标准体系规划，为做好新时期城市管理领域关键标准建设提供指导。

6．不能满足城市管理业务需要

广州市城市管理标准化、规范化和精细化水平一直以来走在全国前列，城市管理的温度和人文关怀精神，特别是经过"乙类乙管"常态化防控的"大考"，每个广州市民都会有深刻的体会。然而随着城市经济、社会全面发展，面对城市居民更多的需求、技术进步所提出的更高的要求，按照质量管理 PDCA 循环理念，城市管理还是要持续改进，永无止境。广州市城市管理标准化建设应当对城市管理职能及相应的过程、要素、要求、技术、资源等层层分解建立标准，从而全面推进城市管理精细化。

结合以上分析，广州市亟须建设富有成效的基层城市管理标准体系，需要以提升城市管理效率、完善公共服务品质为目标，把握基层城市管理过程的各个要素、环节以及内在规律，关注基层城市管理的重点和各种"城市病"，明确优先发展及长远目标，提升城市服务与管理水平，提高城市管理组织的效率以及政府公信力，推动城市社会实现和谐发展。

（三）广州市城市管理标准化需求分析

构建符合广州市城市管理特点与需求的标准体系，必须要回应的问题是基层城市管理需要制定哪些标准？这些标准从何而来、如何生成？标准体系目录如何编制？问题导向是推动城市管理标准化工作的重要原则。本研究以广州市越秀区大塘街作为典型案例，寻找当前基层城市管理标准化建设的空间，了解当前基层城市管理所需标准的缺口。借此，给出广州市基层城市管理标准体系表，明确标准化建设的内容和方向。需要说明的一点是，本研究所指使用的概念"城市管理标准化"，聚集城市管理一线业务的标准化。因此，文中所用的"广州市城市管理标准化"等同于"广州市基层城市管理标准化"。

1. 案例对象选取

广州市越秀区大塘街道位于广州市老城区中心的中山三路、中山四路商业繁华路段，东起烈士陵园、西至文德北路、南接文明路、北邻法政路，总面积 1.06 平方千米，辖 13 个社区居民委员会。户籍人口 56749人，登记在册来穗人员 8424 人。大塘街道具有现代与传统共存、文明与落后同在、政治经济文化功能交织的特殊街情。大塘街有丰富的历史文化和民主革命文化，辖区内近现代遗迹颇多，国家、省、巾、区级文物保护单位 14 个，其中国家级 3 个、省级 4 个、市级 5 个，比如广州农民运动讲习所、国民党一大旧址、广东咨议局旧址、广州起义烈士陵园、广东贡院明远楼等文物保护单位。大塘街道是一个环境优美、文化气氛较浓的住宅小区，但基础设施老旧，大多数是楼梯楼。街道外围的主干道较为宽敞整洁，但深入到街道内部，狭窄昏暗的巷道、低矮的电线、密密匝匝的握手楼，与外围光鲜的城市高楼格格不入。为此，广州市越秀区大塘街道下辖的大塘社区、朝阳社区、文德社区和德政中社区 4 个社区已开始实施老旧小区改造项目，主要对大塘老旧小区的公共服务设施、基础配套设施、空间环境绿化等进行改造。

本研究选取广州市越秀区大塘街道作为研究对象，主要基于以下考虑：一是地理位置的关系。广州市城管局位于大塘街，以大塘街为例进行研究方便研讨，能够更好地把广州市城管局的需求、大塘的实情以及课题组调研所得融合起来。特别是疫情尚未结束的时候，突发的疫情防控措施会影响到研究进程，因此空间距离是需要考量的重要因素。二是大塘街是老城区。老城区一直是城市管理研究的热点，广州市城镇老旧小区点多面广，在广州市城市管理中占据举足轻重的地位。大塘街作为老城区的一员，其城市管理显现的问题，和其他老城区有共同之处，具有普适价值；另一方面，是基于城市管理正处于向高质量发展的需要。2018 年 10 月，习近平总书记在考察广东时，要求广州实现老城市新活力，加快实现综合城市功能出新出彩。然而，当前广州市许多老街区普遍存在房屋结构老化、街筑风貌混杂、街区环境混乱，生活设施落后等问题，城市管理亟须提质增效，以此推动整个广州市城市管理高质量、高水平发展。

因此，选取广州市越秀区大塘街道作为研究对象，能够反映并代表广州市城市管理标准化建设的需求，以小窥大，了解广州市城市管理标准化建设现有成果与面临的挑战，挖掘基层城市管理对标准需求的空间。

2. 沉浸式体验与问卷调查结合

为了解城市管理标准化建设的现实需要，课题组开展了为期近半个月的沉浸式体验，沉浸式体验对象为大塘街综合行政执法办、大塘街环卫站、大塘街街道办事处城管办。此外，课题组还通过"大塘街城市管理质量满意度调查问卷"了解大塘街居民、商户对基层城市管理的满意度与标准化建设的需求，听取居民和商户的意见，自下而上丰富标准体系表内容。课题组发现，大塘街基层城市管理大多依据广州市城市管理现行标准清单开展各项工作，涵盖了基层城市管理的核心业务，围绕市容秩序、门前三包、户外招牌和门牌等管理"乱"的问题以及道路清扫、垃圾收运等"脏"的问题，实施了相应的规范。针对提升管理"效"的问题，有相应的考核标准和细则，使城市管理在精细化、规范化、标准化下高效运行。总体上看，大塘街城市管理标准化基础较好，基本满足了以标准化推动精细化、标准不统一、程序不规范、引导不到位等管理需求问题。然而，通过比对基层城市管理实际运行的业务内容和广州市城市管理现行标准清单，我们发现当前已有标准的数量规模及质量层次，依然有较大的改进与发展空间。

通过对沉浸式体验和问卷调查的分析，城市管理标准需求可以归纳为以下几点：

（1）提高标准衔接性，促进精细化发展

近年来，我国城市管理领域法律和法规、行政规范性文件以及相关标准数量大幅增长，为提高标准之间的衔接性，迫切需要更新调整现行标准体系。当前宜在梳理法律法规、政策的基础上，借鉴国家标准、行业标准的优秀成果，结合广州市基层城市管理的实际需求，及时修订发布时间久远、内容过时的标准，保障标准内容要与城市管理的规章制度、组织管理体系相辅相成，要处理好与既有标准的关系，要把握好基础通用标准、管理职能标准、管理保障标准三个层次之间的各个标准的衔接关系。

（2）针对重点领域，提升标准应用广度

随着城市经济、社会全面发展，城市管理也不断遇到新业务、新工程。由于城市管理与百姓生活密切相关，"摸着石头过河"并不适宜，

"走一步算一步""急于求成""手忙脚乱"等更要不得。面对新的重点业务领域，行政主管部门应加快编制相关标准，提升标准应用广度。

首先，按照广州市委市政府对镇街全域服务治理试点工作的部署以及对落实市容环境卫生责任区制度的要求，切实做好全域服务治理试点工作和市容环境卫生责任是基层城市管理责无旁贷的义务。而重中之重是建立一套相对完善、可操作性强的城市管理工作标准、规范和指引。广州市城市管理标准化建设应围绕"全域服务治理"和"市容环境卫生责任区"，将其涉及的管理内容、运行机制、考核评价等纳入标准化建设范围。其次，为有效落实《广州市人民政府关于镇街综合行政执法的公告》的要求，应加快编制综合行政执法队伍管理、综合执法运行、执法检查内容、跨部门协作等规范。通过标准的制定与实施实现"全区域、全要素、全周期"管理，达到对现有政策"补强"的作用。再次，数字化、网络化、智能化作为新一代信息技术的核心，是新一轮科技革命和产业变革的突出特征，将为城市管理提供关键"科技支撑"。尤其是大数据的广泛应用，将有效提升城市管理的精准化水平，这些新兴业态与城市管理的融合发展亟须相关标准规范进行引导。最后，广州市城市管理标准体系表还应结合城市管理实际业务的要求，全面制定与燃气安全管理、评价、隐患处置有关的标准。

（3）丰富现有标准，增强标准应用深度

城市管理烦冗、复杂的工作性质决定了其对标准的需求是全环节、全链条的。针对现有标准不全面的问题，亟须进一步补充完善，逐步实现城市管理领域标准规范全覆盖，保障精细化管理有章可循。首先，应尽快根据生活垃圾、餐厨垃圾、大件垃圾等不同作业的特点和需求进一步细化制定不同的规范；其次，为不断适应城市管理业务管理变化和发展实际，亟须建立相关标准提升城市容貌整体质量和水平，如增加公共自行车租赁点布局、公共厕所设计、垃圾桶设置清洗、便民服务点等管理规范；再次，建议加快形成燃气安全管理相关标准，以"安全用气、稳定用气、经济用气"为导向，提升燃气安全管理品质化、标准化、精细化水平；最后，丰富完善环卫保洁标准化管理，以城乡"牛皮癣"治理为重点，在原有标准基础上补充可操作性强的建（构）筑物常态化清洗保洁规范。

（4）针对市民、商户需求，制定相关标准

人民日益增长的美好生活需要与城市管理不平衡、不充分之间的矛盾带来新的挑战，对城市管理服务能力进一步提升提出了新要求[11]。因此，广州市城市管理标准化建设需要考虑居民、商户的意见，既注重"效率"，又注重"质量"，既强调评价城市管理标准化工作效果的绩效，又追求质量和公民满意度，这就需要深挖城市管理建设与管理的本质特点，真正做到"城市是人民的城市，人民城市为人民"。针对居民关心的垃圾处理设施建设"邻避问题"，应加快编制住宅小区生活垃圾分类投放点选址、管理等标准；针对居民、商户反映的门前三包、建筑立面管理存在的问题，亟须制定市容责任区内共享单车、电动车有序停放、建筑立面保洁等规范。

总的来说，当前现有的基层城市管理标准还不全面，一定程度上影响了标准化方法在城市管理中应用的深度和广度，影响了城市管理的质量和效果。因此，广州市城市管理标准化建设应在法律规章的空间内，进一步理顺城市管理各部门和社会各利益群体的管理服务责任及其相互关系，制定直面一线业务特点的标准，推进基层城市细节管理落到实处。

三、广州市城市管理标准体系设计与说明

构建科学、合理、有效的基层城市管理标准体系表是保证基层城市管理标准化工作顺利开展的重要前提之一，是促进基层城市管理标准化工作达到科学合理化的一项基础性工作。针对以上需求分析，秉持城市管理精细化的理念以及遵循系统性原则、适用性原则、科学性原则，突出顶层设计、保障标准具可操作性和加强标准精细化等为具体目标，形成了广州市城市管理标准体系表。

（一）构建理念

习近平总书记针对超大城市的城市管理问题，提出"城市管理应该像绣花一样精细"。城市管理工作为一项严密、复杂的系统工程，各环节之间联系较为紧密。这意味着，城市管理需要与精细化管理理念相结合。精细化管理是对管理对象的精确定位，对管理要素的精确分析，对管理需求的精确把握。而精细化管理的精髓在于管理的制度化和标准化。要实现城市精细化管理，需要依托标准化路径实现，通过运用标准化的目标分析法，以问题为导向，有针对性地细化和深化管理机制，实现城市管理精细

化工作的规范、高效、高质量的运转。

精细化管理理念对标准化建设工作提出了几点要求：一是需要更加重视标准体系构建的系统性和相关标准间的衔接性。城市管理作为一项综合性的系统工程，在制定城市精细化管理相关的标准体系框架下，需要针对各个领域进行分层化标准体系构建，保证标准在相关领域实施过程中的适用性。二是完善标准制定，针对标准的广度和深度进行不断修正和完善。无论在城市管理的哪个具体领域，如何进行管理，管理到何种程度，都要通过制定精细化的标准、细化管理流程和工作目标，才能真正实现精细化管理"没有疏漏""不留死角"[2]。三是强化多元化主体参与，建立问题导向的评价机制。积极发挥公民、社会组织等多主体的参与作用，共同为城市精细化管理的标准化工作献计献策，坚持以人为本、市场机制引导的原则，共同推进城市管理标准化进程。

据此，广州城市管理标准体系构建是在精细化管理理念的指导下，以标准化为切入视角，以提升城市管理精细化治理水平为着力点，以标准为具体呈现形式，立足于基层城市管理实践与需要，把握基层城市管理过程的各个要素、环节以及内在规律，关注基层城市管理的重点和各种"城市病"，推进重点领域相关标准的研究制定，明确优先发展及长远目标，有效解决服务和管理中不协调、不统一、随意性大等问题，为像绣花一样精细地管理城市提供技术支撑。

（二）构建原则

标准化工作有其自身的规律和要求。课题组设计、编制本标准体系表遵循了如下的原则。

1. 系统性原则

系统性是标准体系研究过程中需要遵循的首要原则，它是标准体系中各个标准之间内部联系和区别的体现。广州市城市管理标准体系须在全面了解基层城市管理相关工作和管理需要协调和统一的各种流程和事项的基础上，从基础通用、城市管理职能、城市管理保障等方面涉及的不同层次和角度入手对相关标准进行有机综合。系统性原则要求体系必须划分准确、恰当，层次合理、分明，子体系互相依赖、衔接配套，整体上协调互补、总体闭合，形成科学的有机整体[2]。

2. 适用性原则

广州市城市管理标准体系首先应保证为城市管理标准化工作的顺利开展提供基本支撑。适用性原则就是要求体系的构建应充分反映广州市城市管理标准化的实际需要和特点，并以此为依据展开各单项标准的研制工作。广州市城市管理标准体系表全面收录与基层城市管理密切相关且实际需要的标准，确保标准体系表的针对性、指导性和适用性；同时，在确保标准体系表的系统性、科学性的前提下进行创新和发展，做到实用并有活力。

3. 科学性原则

科学性是标准化的基本原则，是采用标准的各有关应用系统和技术系统安全、可靠、稳定运行的根本保障。基于此，广州市城市管理标准体系表构建过程中遵循了科学性原则。通过沉浸式体验和问卷，了解基层城市管理标准化现状，摸清、识别并提炼建设城市管理标准体系拟解决的问题，并以解决这些问题的相关理论、方法技术、路径路线等统领整个研究过程以及标准体系的建设，即完成"问题→标准化解决方案→效果"三个环节的论证工作，保障"问题"明确、"解决方案"有针对性、"效果"可衡量。

（三）标准体系总体框架

城市精细化管理是一个系统工程，其中建立标准化管理体系是城市精细化管理的基础。依据《标准体系构建原则和要求》（GB/T 13016—2018）、《服务业标准体系编写指南》（GB/T 30226—2013）和《服务业组织标准化工作指南 第2部分：标准体系》（GB/T 24421.2—2009）对标准体系结构要求的基础上，结合广州市城市管理标准化现状及标准需求，充分考虑当前广州市基层城市管理建设性要求，构建形成了广州市城市管理标准体系表。

广州市城市管理标准体系表由"JC100 基础通用标准""ZN200 城市管理职能标准""BZ300 城市管理保障标准"三大子体系构成。基础通用标准子体系位于广州市城市管理标准体系结构的底层，是广州市城市管理标准体系的基础，为其他部分提供整体、统一指导；城市管理职能标准子体系涵盖了广州市基层城市管理的职能职责，推进广州市城市管理精细化和规范化；城市管理保障标准子体系是城市管理职能标准的直接支撑，从不同方面为广州市城市管理与服务提供保障。目前所设计的广州市城市管理标准体系努力实现的目标是，力争从广州市的实际需要出发，全面覆盖基层城市管理的核心职能、业务，为精细化管理提供标尺和依据（图2－1）。

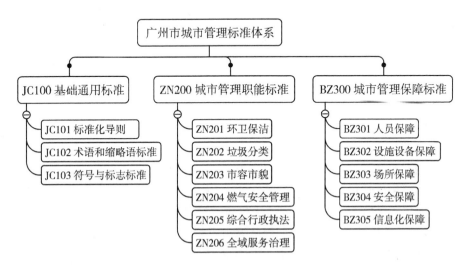

图2－1 广州市城市管理标准体系框架图

（四）标准子体系描述

上文提到，广州市城市管理标准体系由基础通用标准、城市管理职能标准和城市管理保障标准三大子体系构成。

1. 基础通用标准子体系

基础通用标准子体系是广州市城市管理标准体系表的总体性、框架性、基础性规范，能够为广州市城市管理标准规划、制定、应用实施发挥指导性和引领性作用。基层通用标准主要来源于标准文献分析，执行国家标准、行业标准、地方标准等，积极与各层级标准衔接，包括了标准化导则、术语和缩略语标准、符号与标志标准3个子类标准。

（1）标准化导则：主要包括标准体系编制原则和要求、标准化文件的结构和起草规则、服务业组织标准化工作指南、服务业标准体系编写指南，为标准化工作提供制度与规范、指导与约束标准化工作。

（2）术语和缩略语标准：主要包括术语工作原则与方法、标准编写规则，并针对广州市基层城市管理和常用概念的内涵进行界定，统一基层城市管理相关概念认识，形成基层城市管理相关标准的语言基础。

（3）符号与标志标准：主要用于规范基层城市管理所需要的符号和标志进行规范，如生活垃圾分类标志、环境卫生图形符号标准、环卫车辆设备图形符号等。

2. 城市管理职能标准子体系

城市管理职能标准是用于规范、引导基层城市管理职能相关领域，包括环卫保洁、垃圾分类、市容市貌、燃气安全管理、综合行政执法、全域服务治理6个子类标准。每一类标准都由沉浸式体验过程对标准化建设需求的梳理以及对居民、商户满意度调查问卷分析总结而生成。

（1）环卫保洁：主要用于规范环境卫生作业、环境卫生质量等。

（2）垃圾分类：主要用于规范生活垃圾收集运输、餐厨垃圾分类收集运输、大件垃圾（含建筑装修垃圾）分类收集运输、垃圾分类投诉处理、垃圾再生资源利用管理、垃圾投放点建设等。

（3）市容市貌：主要用于规范城市容貌管理、市容责任管理规范等。

（4）燃气安全管理：主要用于规范燃气供应站、设施保养、重点场所安全评价、安全隐患处置等。

（5）综合行政执法：主要用于规范综合行政执法职责事项、综合行政执法巡查检查、综合行政执法跨部门协调等。

（6）全域服务治理：主要针对"党建引领、政府主导、企业主体、市民参与"，对纳入全域服务治理事项、第三方企业参与全域服务治理、多方协同参与、社情民意收集等做出明确规范。

3. 城市管理保障标准子体系

城市管理保障标准按照国家标准化工作原则和精神，以沉浸式体验过程对标准化建设需求的梳理以及对居民、商户满意度调查问卷分析，有针对性地分为人员保障、设备设施保障、场所保障、安全保障和信息化保障5个子类标准。

（1）人员保障标准：主要用于规范环卫人员和综合行政执法人员服务用语、行为举止、仪表着装、岗位职责、工作培训等。

（2）设备设施保障标准：主要对基层城市管理中设施设备的要素进行规范，如垃圾分类设施配置、生活垃圾运输车辆管理技术、环卫设施管养等。

（3）场所保障标准：主要用于规范生活垃圾收转运处置点、餐厨垃圾收转运处置点、大件垃圾收转运处置点的建设与管理。

（4）安全保障标准：主要用于规范基层城市管理涉及的防火防电安全、突发事件应急管理等。

（5）信息化保障标准：主要针对智慧城管建设中涉及的技术要素，用于规范 12319 投诉热线使用、数字化环卫信息系统管理、综合指挥平台建设等。

总的来说，设计、编制广州市基层城市管理标准体系表，努力做到的目标是内容完整、体系清晰、结构严谨、机制科学，争取实现有效涵盖城市管理各个维度、环节，以期解决治理创新领域标准覆盖面不全、精细化程度不高等问题，为实现广州市城市管理工作制度化和规范化发挥一个理论性参考的作用。

（五）标准体系编码结构与标准编号规则

1. 编码结构

编码大塘街城市管理标准体系采用分层次编码法，体系编码共分为两层，格式是：第一层，标准体系缩写用两位大写字母和三位数字表示。例如，JC100——基础通用标准；ZN200——城市管理职能标准；BZ300——城市管理保障标准。第二层，标准子体系号用两位大写字母三位数字表示。例如，JC101——标准化导则；ZN201——环卫保洁；BZ301 ——人员保障（具体见附录－1）。

2. 编码规则

在兼顾系统性和协调性的基础上，按照广州市基层城市管理的实际需要和特点生成广州市基层城市管理标准体系表中的各项标准。这些标准在性质上属于企业标准。根据体系构建的需要，对纳入的标准进行了优选和规范编码。编码规则按企业标准的一般要求规定（图 2－2）。

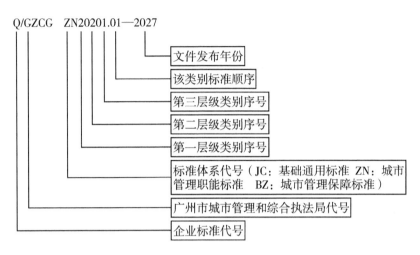

图2-2 标准编码规则

四、广州市城市管理标准化建设路线

为促进广州市城市管理科学化、规范化，发挥标准化对加强和创新城市管理水平的作用，推动城市管理标准化体制机制更加健全，标准化效益充分显现，课题组针对广州市城市管理标准化建设如何落地实施，把理论成果转换成实践探索，给出了三个建议。

（一）申请国家或省社会管理和公共服务综合标准化试点

党的十八大以来，中央高度重视社会管理和公共服务标准化，推进和加强基层社会治理现代化建设。国家市场监督管理总局每年都设置综合标准化试点项目，面向理论成熟、标准化基础较好、与民生服务关系密切的地方治理经验提供试点示范机会。本研究的主题以及解决方案建议与党中央国务院所致力于推进的地方治理现代化主题高度契合。基层城管属于社会治理、维护城市健康发展、高质量发展的重要内容。因此，可以考虑申报综合标准化试点项目。2022年10月，国家标准化管理委员会发布的《关于征集第九批社会管理和公共服务综合标准化试点项目的通知》中明确指出，重点围绕城市标准化中城市基础设施运营管理、城市可持续发展、智慧城市运行管理等领域进行申报。目前，广州市基层城管标准化建设的基础研究已经完成，既总结提炼了广州市所积累的城市管理经验和制度成果，也给出了下一步提升的标准体系表，完全具备了申报综合标准化试点的条件。

1. 申报社会管理和公共服务综合标准化试点的意义

本研究给出了广州市城管标准化建设的体系、重点内容等，但要建成这些标准并保障落地实施则是一个漫长的过程。为此，申报一个标准化试点，可以一次性解决几乎所有的问题。试点建设周期一般为两年，即在这两年内，试点项目可以一次性完成标准化建设的主要目标，包括人才培养、标准建设、落地实施、效果测评、持续改进、经验总结等，可谓有"毕其功于一役"的最佳效果。国家和省试点申报一般放在每年的 10 月份前后。建议广州市城管局着手准备申报 2023 年国家（或省）社会管理和公共服务综合标准化试点，可以考虑以大塘街道为主体之外再增加一个试点街道。社会管理和公共服务综合标准化试点工作是创新社会管理方法、提升公共服务水平的一项重要举措，旨在促进社会管理和公共服务科学化、规范化，培育社会管理和公共服务标准化品牌。积极推动社会管理和公共服务综合标准化试点项目建设除优化资源配置、规范服务流程、提升服务质量外，还能够进一步提升城市社会管理和公共服务舒适度及人民群众获得感、幸福感。

2. 标准化试点的主要工作内容

创建社会管理和公共服务综合标准化试点工作步骤大致有以下几点。

一是申报立项。经过前期的基础研究，收集整理了现行的相关国家标准、行业标准、地方标准、团体标准，并构建科学合理、层次分明、满足需要的标准体系框架，已具备了成熟的申报条件。为此，课题组建议 2023 年以大塘街基层城市管理标准化申报社会管理和公共服务综合标准化试点，填写《社会管理和公共服务综合标准化试点申请书》。

二是申请获批后，开展试点建设工作。包括建设标准组织机构，组织领导标准化试点工作；建设由技术支持机构和城管业务人员组成的工作团队；开展培训工作，保障标准化试点的智力支持；建设标准，即按照标准体系表开展标准的研制；标准建成后开始试运行，并持续改进。

三是验收。验收分为中期验收和末期验收。标准体系建成以后，经过试运行并对标准体系优化以后，向标准化行政主管部门申请中期验收。全面收集、整理标准体系运行的数据，全面完善优化标准体系，编制完整的验收考评材料后,向标准化行政主管部门申请末期考核验收。完成中期和末期验收后,省标准化行政主管部门会给予经费支持,省试点一般是20—30 万,国家试点一般是40—50 万,由省财政统一发放。

(二) 制定五年规划,完成标准化建设目标

选项二是不依靠外部力量,完全由广州市城管局自己组织力量以完成基层城管标准化建设目标。如果确定选项二,就需要出台标准化建设的五年规划。为什么需要五年?根据目前所设计的标准数量、体量,按照每年立项 10 个标准建设,五年是适当的周期。这里,课题组给出《广州市城市管理标准化建设规划(2023—2027)》框架建议。

1. 规划原则

一是系统布局,需求引领。坚持从群众需求和城市治理突出问题出发,合理规划广州市城市管理标准化布局,科学确定基层城市管理发展的重点领域,满足标准化支撑广州市城市管理发展的需要。二是协同推进,共同治理。发挥市场对标准化资源配置的决定性作用,激发城市管理的标准化工作活力,调动各部门积极性,加强顶层设计和统筹管理,形成广州市城市管理标准化工作新格局。三是包容开放,协调一致。坚持各类各层级城市管理领域标准的协调发展,提高标准制定、实施与监督的系统性和协调性;加强标准与法律法规、政策措施的衔接配套,发挥标准对法律法规的技术支撑和必要补充作用;坚持与国家标准接轨,积极采用国内先进标准,提高与国家标准一致性程度。

2. 五年规划内容

广州市城市管理标准化五年规划是以符合基层城市管理的特点为前提,以《广州市城市管理和综合执法"十四五"规划》政策文件为依据,并在深入调研广州市城市管理标准化需求的基础上设计的标准化事项的总体规划。广州市城市管理标准化五年规划按照 2023 年、2024—2025 年和2026—2027 年三个时间段,分为标准化研究、政策措施、标准制修订、标准实施、标准示范推广、专家队伍与专业人才建设 6 个方面确定广州市基层城市管理标准化建设的战略推进进程和目标(图 2 - 3)。

(1)在标准化研究方面,重点推进标准体系建设的研究工作

依据基层城市管理和发展需要对标准体系进行相应的调整或扩充,持续改进优化标准体系。2024—2027 年围绕标准化建设成果,开展标准化

水平分析比较和标准实施效果评估，探索标准化促进基层城市管理的工作机理。注重标准化成果经验输出，更新《广州市城市精细化管理制度汇编》，编制《广州市基层城市管理标准化白皮书》等。此外，强调将构建覆盖各类城区且具有针对性的广州市基层城市管理标准体系专题研究贯穿于广州市基层城市管理标准化建设五年规划之中。

（2）在政策措施方面，明确四大任务

一是发布广州市基层城市管理标准体系和路线图；二是出台关于推动广州市基层城市管理标准化建设的实施方案、管理办法，围绕标准化工作机制建立、标准制修订、标准实施监管、标准化试点示范、标准化奖励激励等进行规范，统筹协调管理；三是设立基层城市管理标准化建设专项资金，保障标准化科研、制定、实施工作的开展；四是出台基层城市管理标准研制资助办法，鼓励标准化机构、企业、行业协会承担城市管理标准化活动。

（3）在标准制修订方面，以解决基层城市管理过程中的实际问题为导向和目的

根据相关方需求程度和基层城市管理发展，以解决基层城市管理过程中的实际问题为导向和目的，对于"基础通用标准、城市管理职能标准、城市管理保障标准"中基层一线业务亟须的标准重点投入，优先研制。积极组织基层城市管理者、行业专家、标准化机构开展标准编制工作，在2023年完成25项基础通用标准编制，在2024—2025年完成38项城市管理职能标准和20项城市管理服务保障标准编制。在标准编制过程中，必须通过相关专家的充分论证，并获得有关部门及应用单位的广泛支持。除此之外，在五年规划中重视基层城市管理中的基层通用标准、城市管理职能标准、城市管理保障标准的需求征集以及积极开展基层城市管理先进管理经验征集及标准转化。

（4）在标准实施方面，从制"修订—推广—反馈"形成闭环

第一，分层次、分时间段地推广使用标准，让标准深度嵌入现实，让标准融入基层城市管理之中。第二，通过大量走访，调研标准在基层城市管理中的使用情况，初步收集基层城市管理单位反馈的意见和想法，为接下来的标准效果评估工作提供支撑。第三，在常用的标准实施效果评价方法中选取合适的方法进行系统的标准实施效果评估。第四，根据标准化工作的实施情况，本着"补短板，找亮点，挖潜力"的原则，进行标准的

培训和宣贯工作。第五，根据标准的实施效果，对标准制修订工作进行反馈，形成完整闭环，使标准和现实真正融为一体。

（5）在标准示范推广方面，完成三项任务

鼓励申报国家级或省级标准化试点，推进广州市基层城市管理标准化试点专项行动；选取具有代表性的街道开展基层城市管理标准化工作试点示范工作，实现以点带面，逐步推广；开展基层城市管理标准化的有关试点、示范点总结研究，编制典型案例，推广宣传基层城市管理"广州模式"。

（6）专家队伍与专业人才建设

广泛征集城市管理领域专家、标准化专家，形成专家智库，开展决策咨询、标准研究等工作，发挥专家库"智囊团"作用。同时，利用培训、联合培养、调研学习优秀地区经验等方式，培养一批既懂城市管理，又懂标准化的复合型人才。

广州市城市管理标准化五年规划将 6 项主要内容细化为 30 项具体任务，并且一目了然地呈现每一任务的时间段。同时，广州市城市管理标准化五年规划注重将标准化建设的新情况、新变化、新研究等纳入路线图中，使标准能够切实发挥其支撑作用。

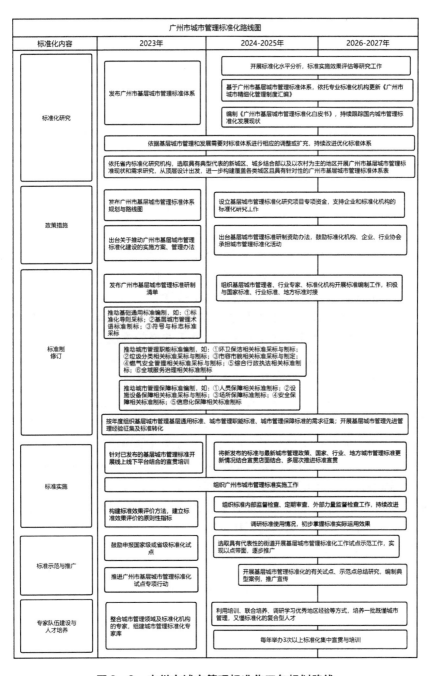

图2-3 广州市城市管理标准化五年规划路线

（三）多措并举，综合施策

推进基层城管标准化进程，还可以考虑"多措并举，综合施策"。它指的是动员现有资源，建设并运行内控标准、申报广州市地方标准、鼓励各街道自行建设标准并择优推广等。

一是循序渐进、稳步推进，根据工作需要和需求急迫程度，逐步建设内控标准体系，为各项业务工作提供规范和依据。基层城管工作的重要性不言而喻，城管一线工作人员履职需要标准依据也是肯定的。所以，广州市城管局可以安排力量，一年建设一批标准。

二是申报广州市地方标准立项。这些年来，市城管局非常重视标准化工作，不少业务都开始采用地方标准的形式予以规范。据课题组掌握的情况，广州市标准化行政主管部门对广州市城管局地方标准立项也给予大力的支持。所以，建议广州市城管局在标准化工作实践中，成熟一个申报一个，逐年申报、逐年积累，通过量变达到质变。

三是在广州市城管局政策和技术的引导下，实行标杆管理，鼓励各区、街道自行组织力量推进标准建设，然后选择较为成熟的标准向全市推广应用。基层城管部门熟悉业务，把管理经验转换成标准成果，相对而言会容易实现。

综合来看，以上三个建议各有优势与劣势。第一个建议的优势是一步到位、一次性解决问题，标准化工作目标几乎全部可以实现，并且毕其功于一役于两年时间，干净利索。同时，可得到外部资源支持，比如广东省标准化行政主管部门的资助和外部专家评审。但其劣势和不确定性是标准化试点需要得到广州市高层领导认同并亲自领导，并获得试点所需要的资源保障。第二和第三个建议的优势是自主建设、节奏可控。但其劣势是可持续性没有保障。领导更换后工作的重点和重心可能会发生变化，能否把标准化工作持续开展下去，存在巨大的不确定性。此外，连续性、持续性的标准化工作需要长期坚持不懈，时间拖得过久，会产生边际递减效应。因此，课题组建议优先推动申报综合标准化试点工作，推动城市精细化治理走深走实。

参考文献

［1］李智超，于翔. 以智为治：我国城市管理的政策变迁与范式转换［J］. 公共治理研究，2022，34（3）：22－31.

［2］余池明. 以系统观念推进城市管理体系化建设［J］. 上海城市管理，2021，30（4）：48－53.

［3］徐连明. 超大城市数字化治理的协同障碍与发展路径研究：以上海市"一网统管"为例［J］. 华东师范大学学报（哲学社会科学版），2022，54（5）：133－144，191.

［4］高逾，标准化助推城市管理精细化建设研究初探［J］. 价值工程，2021（36）：9－12.

［5］习近平. 习近平致第39届国际标准化组织大会的贺信［J］. 中国标准化，2016（10）：2.

［6］中国共产党新闻网. 习近平在河南省兰考县调研指导党的群众路线教育实践活动［EB/OL］.（2014－03－19）［2024－06－01］. http://fanfu. people. com. cn/n/2014/0319/c141423－24676829. html.

［7］黄小路：标准化助推城市精细化管理提升城市管理质量［J］. 品牌与标准化，2017（9）：32－33.

［8］贾明雁，许红，姜薇. 北京市城市管理标准体系的建立与应用［J］. 城市管理与科技，2021，22（2）：50－53.

［9］刘涛，杨保东，赵虎. 精细化管理视角下城市管理考评体系构建思考：以襄阳市为例［J］. 中国建设信息化，2022（1）：74－76.

［10］北极星固废网，《广州市城市管理和综合执法"十四五"规划》印发 十四五期间垃圾焚烧处理能力将达30000吨每日［EB/OL］.（2021－08－28）［2022－10－24］. https://huanbao. bjx. com. cn/news/20210828/1173271. shtml.

［11］曾宇恒. "以人为本"视角下城市精细化管理研究［J］. 美与时代（城市版），2022（1）：112－114.

附录 -1 广州市城市管理标准体系明细

序号	标准号	标准名称	采标/制标
		JC100 基础通用标准	
		JC101 标准化导则	
1	Q/GZCG JC101.01 -2027	GB/T 13016 -2018 标准体系表编制原则和要求	采标
2	Q/GZCG JC101.02 -2027	GB/T 1.1 -2020 标准化工作导则 第1部分：标准化文件的结构和起草规则	采标
3	Q/GZCG JC101.03 -2027	GB/T 15624 -2011 服务标准化工作指南	采标
4	Q/GZCG JC101.04 -2027	GB/T 20000.3 -2014 标准化工作指南 第3部分：引用文件	采标
5	Q/GZCG JC101.05 -2027	GB/T 20001.3 -2015 标准编写规则 第3部分：分类标准	采标
6	Q/GZCG JC101.06 -2027	GB/T 24421.1 -2009 服务业组织标准化工作指南 第1部分：基本要求	采标
7	Q/GZCG JC101.07 -2027	GB/T 24421.2 -2009 服务业组织标准化工作指南 第2部分：标准体系	采标
8	Q/GZCG JC101.08 -2027	GB/T 24421.3 -2009 服务业组织标准化工作指南 第3部分：标准编写	采标
9	Q/GZCG JC101.09 -2027	GB/T 24421.4 -2009 服务业组织标准化工作指南 第4部分：标准实施及评价	采标
10	Q/GZCG JC101.10 -2027	GB/T 28222 -2011 服务标准编写通则	采标
11	Q/GZCG JC101.11 -2027	GB/T 30226 -2013 服务业标准体系编写指南	采标

续表

序号	标准号	标准名称	采标/制标
JC102 术语和缩略语标准			
12	Q/GZCG JC102.01－2027	GB/T 10112－1999 术语工作 原则与方法	采标
13	Q/GZCG JC102.02－2027	GB/T 20001.1－2001 标准编写规则 第1部分：术语	采标
14	Q/GZCG JC102.03－2027	GB/T 15237.1－2000 术语工作 词汇 第1部分：理论与应用	采标
15	Q/GZCG JC102.04－2027	基层城市管理 术语	制标
JC103 符号与标志标准			
16	Q/DTCG JC103.01－2027	GB/T 2893.5－2020 图形符号 安全色和安全标志 第5部分：安全标志使用原则与要求	采标
17	Q/DTCG JC103.02－2027	GB 13495.1－2015 消防安全标志 第1部分：标志	采标
18	Q/DTCG JC103.03－2027	GB/T 10001.1－2012 公共信息图形符号 第1部分：通用符号	采标
19	Q/DTCG JC103.04－2027	GB/T 10001.9－2008 标志用公共信息图形符号 第9部分：无障碍设施符号	采标
20	Q/DTCG JC103.05－2027	GB/T 10001.10－2014 公共信息图形符号 第10部分：通用符号要素	采标
21	Q/DTCG JC103.06－2027	GB/T 16903.1－2008 标志用图形符号表示规则 第1部分：公共信息图形符号的设计原则	采标
22	Q/DTCG JC103.07－2027	GB/T 19095－2019 生活垃圾分类标志	采标

续表

序号	标准号	标准名称	采标/制标
23	Q/DTCG JC103.08－2027	CJJ/T 125－2008 环境卫生图形符号标准	采标
24	Q/DTCG JC103.09－2027	GB/T 31012－2014 环卫车辆设备图形符号	采标
25	Q/DTCG JC103.10－2027	GB 5768.2－2022 道路交通标志和标线第2部分：道路交通标志	采标
ZN200 城市管理职能标准			
ZN201 环卫保洁			
1	Q/GZCG ZN201.01－2027	广州市环境卫生作业规范	采标
2	Q/GZCG ZN201.02－2027	广州市环境卫生作业质量规范	采标
ZN202 垃圾分类			
ZN20201 垃圾分类作业			
3	Q/GZCG ZN20201.01－2027	GB/T 19095－2019 生活垃圾分类标志	采标
4	Q/GZCG ZN20201.02－2027	CJJ/T102－2004 城市生活垃圾分类及其评价标准	采标和制标结合
5	Q/GZCG ZN20201.03－2027	生活垃圾分类设施配置及作业规范	采标和制标结合
6	Q/GZCG ZN20201.04－2027	商户、学校、集团单位等垃圾分类投诉处理规范	制标
7	Q/GZCG ZN20201.05－2027	小区物业垃圾分类指导手册	制标
8	Q/GZCG ZN20201.06－2027	CJ/T106－2016 生活垃圾产生量计算及预测方法	采标

续表

序号	标准号	标准名称	采标/制标
ZN20202 垃圾再生资源利用管理			
9	Q/GZCG ZN20202.01－2027	GB/T 25180－2010 生活垃圾综合处理与资源利用技术要求	采标
10	Q/GZCG ZN20202.02－2027	废旧物资循环利用体系示范城市建设指南	采标
ZN20203 垃圾投放点建设			
11	Q/GZCG ZN20203.01－2027	垃圾投放点选址与建设指南	制标
12	Q/GZCG ZN20203.02－2027	垃圾投放点保洁与质量规范	制标
13	Q/GZCG ZN20203.03－2027	星级投放点建设指南	制标
ZN203 市容市貌			
ZN20301 城市容貌管理			
14	Q/GZCG ZN20301.01－2027	城市容貌规范	采标与制标结合
15	Q/GZCG ZN20301.02－2027	容貌示范社区创建指南	制标
16	Q/GZCG ZN20301.03－2027	户外广告和招牌隐患排查治理	制标
ZN20302 市容责任管理规范			
17	Q/GZCG ZN20302.01－2027	市容责任人管理规范	制标
18	Q/GZCG ZN20302.02－2027	市容责任区划分规范	制标
19	Q/GZCG ZN20302.03－2027	市容责任区管理与监督规范	制标
20	Q/GZCG ZN20302.04－2027	市容责任考核规范	制标
ZN204 燃气安全管理			
21	Q/GZCG ZN204.01－2027	GB/T 38289－2019 城市燃气设施运行安全信息分类与基本要求	采标
22	Q/GZCG ZN204.02－2027	管道燃气石油气（气态）	采标

续表

序号	标准号	标准名称	采标/制标
23	Q/GZCG ZN204.03 – 2027	市政燃气管道设施巡查管理规范	采标
24	Q/GZCG ZN204.04 – 2027	液化石油气企业设施人员配备和安全管理规范	采标
25	Q/GZCG ZN204.05 – 2027	餐饮场所燃气安全管理规程	制标
26	Q/GZCG ZN204.06 – 2027	餐饮场所燃气安全评价规范	制标
27	Q/GZCG ZN204.07 – 2027	燃气安全隐患处置规范	制标
	ZN205 综合行政执法		
28	Q/GZCG ZN205.01 – 2027	广州市城市管理综合执法工作指引	采标
29	Q/GZCG ZN205.02 – 2027	综合行政执法巡查检查规范	制标
30	Q/GZCG ZN205.03 – 2027	综合行政执法跨部门协调规范	制标
	ZN206 全域服务治理		
31	Q/GZCG ZN206.01 – 2027	全域服务治理指南	制标
32	Q/GZCG ZN206.02 – 2027	全域服务治理服务事项指引	制标
33	Q/GZCG ZN206.03 – 2027	全域服务治理服务事项质量管理规范	制标
34	Q/GZCG ZN206.04 – 2027	党（工）委领导全域服务治理工作指引	制标
35	Q/GZCG ZN206.05 – 2027	第三方企业参与全域服务治理工作指引	制标
36	Q/GZCG ZN206.06 – 2027	多方协同参与全域服务治理工作指引	制标
37	Q/GZCG ZN206.07 – 2027	全域服务治理社情民意收集整理工作指引	制标
	BZ300 城市管理保障标准		
	BZ301 人员保障		
1	Q/GZCG BZ301.01 – 2027	环卫人员配置标准	制标
2	Q/GZCG BZ301.02 – 2027	环卫人员行为举止规范	制标
3	Q/GZCG BZ301.03 – 2027	环卫人员培训规范	制标

续表

序号	标准号	标准名称	采标/制标
4	Q/GZCG BZ301.04－2027	环卫作业人员着装规范	制标
5	Q/GZCG BZ301.05－2027	站长、片长垃圾分类工作管理规范	制标
6	Q/GZCG BZ301.06－2027	综合行政执法人员行为举止规范	制标
7	Q/GZCG BZ301.07－2027	综合行政执法人员着装管理规范	制标
8	Q/GZCG BZ301.08－2027	综合行政执法人员礼貌用语规范	制标
9	Q/GZCG BZ301.09－2027	综合行政执法人员职责规范	制标
		BZ302 设施设备保障	
10	Q/GZCG BZ302.01－2027	DBJ440100/T238－2015 垃圾分类设施配置及作业规范	采标
11	Q/GZCG BZ302.02－2027	DBJ440100/T 270－2106 生活垃圾运输车辆管理技术规范	采标
12	Q/GZCG BZ302.03－2027	环卫设施管养规范	制标
		BZ303 场所保障	
13	Q/GZCG BZ303.01－2027	生活垃圾（不含餐厨垃圾）收转运处置点管理规范	制标
14	Q/GZCG BZ303.02－2027	餐厨垃圾收转运处置点管理规范	制标
15	Q/GZCG BZ303.03－2027	大件垃圾收转运处置点管理规范	制标
		BZ304 安全保障	
16	Q/GZCG BZ304.01－2027	防火防电安全规范	制标
17	Q/GZCG BZ304.02－2027	突发事件应急管理规范	制标
		BZ305 信息化保障	
18	Q/GZCG BZ305.01－2027	12319 投诉热线使用指引	制标
19	Q/GZCG BZ305.02－2027	数字化环卫信息系统管理规范	制标
20	Q/GZCG BZ305.03－2027	综合行政执法综合指挥平台建设与使用规范	制标

广州市新型城市基础设施建设研究

——问题导向的对策探索

陈　娜

（中山大学政治与公共事务管理学院）

摘要： 城市治理面临日益增长的复杂性和不确定性。习近平总书记提出，要"运用大数据、云计算、区块链、人工智能等前沿技术推动城市管理手段、管理模式、管理理念的创新。从数字化到智能化再到智慧化，让城市更聪明一些、更智慧一些，是推动城市治理体系和治理能力现代化的必由之路，前景广阔。"作为首批新型城市基础设施建设试点城市，广州市率先构建全国首个视频智能分析平台，建成发布全国首个 CIM 基础平台，智能化、智慧化成果初现。尽管如此，新城建相关工作仍然在整体设计、技术能力、主体协调等方面存在短板。如何实现传统城市基础设施与新型城市基础设施的共建、统筹、相融是城市管理实践需要探索的"最后一公里"问题。为此，本研究立足于新型城市的"可持续性""韧性""智慧"三大维度，结合现阶段广州市城市管理综合执法局的新城建项目试点、全域服务治理模式镇街试点工作和相关行业案例，深入剖析广州市新城建的现状、问题和对策，探索城市管理高质量发展新路径的广州经验。

关键词： 新型城市基础设施；韧性；智慧；城市管理高质量发展；广州

一、新型城市基础设施建设背景与理论基础

（一）广州市新型城市基础设施的建设背景

1. 广州市新型城市基础设施建设成为国家发展重点

2020年，住建部连同中央网信办、工信部等六部委印发《关于加快推进新型城市基础设施建设的指导意见》，首次提出"新城建"这一概念。同年10月，住建部选定广州、杭州、成都等16个城市开展首批新城建试点，并于2021年增设烟台、温州、长沙等点位，将试点城市扩容至21个市（区）。"十四五"规划将"新城建"纳入我国国民经济和社会发展的目标，更是将新城建上升至国家战略高度。在上述背景下，区域性的新城建行动围绕着全面推进城市信息模型基础平台建设、实施智能化市政基建改造、发展智慧交通系统、推进社区智能化管理、推动智能建造与建筑工业化协同发展以及提高城市管理"一网统管"的服务水平等六大重点建设任务在全国范围内发展开来，其建设广度与深度不断拓展，现已成为新时代城市发展的重点议题。作为粤港澳大湾区的核心城市，广州具有诸多发展新城建的基础条件。首先，广州具有领先的科技水平。在"自然指数—科研城市"全球排名中，广州已攀升至全球第10位，科技创新水平名列前茅，已建成广州实验室、粤港澳大湾区国家技术创新中心等国家级战略科技平台，强大的科技实力为广州实现基础设施智能化提供坚实基础。其次，广州的城市治理能力突出。作为一座超大型城市，广州具有国内领先的城市治理水平，创新性地实行以全域服务治理为代表的现代化治理模式，不断精进城市治理能力，高水平的治理能力是广州推行新城建的重要保障。再次，广州具有强大的经济实力和相关产业基础，为新城建提供动力源泉。实施新城建战略也能带动上下游产业发展，为广州和粤港澳大湾区增添新的经济动能的同时，为其他城市的发展提供借鉴。

2. 广州市新型城市基础设施筑牢城市竞争力底座

重庆、杭州、烟台等城市纷纷出台推进新基建（新城建）的专项方案或行动计划，且已取得初步成效。济南市建立智慧城管数字平台，实现国家、省、市、区、街、居的"六级联通"，建立6279个城管网格，对18个大类百余事项进行全天候巡查，于2021年发现各类问题180余万

件，结案 169 余万件，实现城市治理效率的提升。成都市城市运行管理服务平台已初步完成整体架构和模块设计，在城市管理、应急管理等 11 项重点领域梳理形成 38 个跨部门高效处理应用场景，在成华区、高新区等 7 个市区开展了试点。重庆市则在 2022 年 7 月底宣布重庆智慧东站 CIM 平台正式线上运行，该平台通过汇聚重庆东站枢纽，形成全生命周期的多元异构数据，实现片区全域全时全要素的城市项目可视化展示和智能化管理。新城建能够带动上下游产业链发展，吸引一批优质企业和人才。推动新城建的各个城市结合自身城市特性实施新城建行动，依托新城建争抢人才和企业，形成了相互追赶的发展格局。广州作为城市治理的领头城市，应当积极推动新城建，在新的一轮竞争中为广州市引入高质量企业和人才，为城市发展储备更丰富的资源。

3. 广州市城市治理能力面临双重维度的现实挑战

从管理者角度来看，城市管理者面临多领域的治理困境。例如，城市不同部门间相对独立，缺乏横向衔接和纵向联动的意识，信息共享程度低。在治理过程中，部门间易出现责任推诿的行为，致使现有城市治理存在灰色管理地带。此外，不同问题情境中的治理也存在困难。例如，管理者面临电动自行车违法取证困难的问题，即部分类型的电动自行车违法行为较难被识别和采集，难以实现交通管理的有效性。基于市民视角，公众对城市治理的预期在不断提升。民众对城市建设的期待从传统设施的功能性满足转向新型设施的智能化、信息化服务，期望获得具有智慧、韧性、可持续三重特征的现代化城市服务。例如，智能化的交通设施、实时动态监测的管线设施、绿色的环卫设施都是民众提出的新要求。基于上述维度的现实挑战，大力推进新城建是广州市释放城市发展潜能，提高城市治理能力和运行效率的必然选择。新城建能够推动广州市从横向上拓宽治理广度，从纵向上加深治理精细度，通过科学、精细的"绣花功夫"助力城市实现高质量发展。

（二）广州市新型城市基础设施建设的政策环境

为了顺应国家发展要求、发挥试点带动作用以及解决自身城市治理的现实困境，广州市政府、城管、住建等相关部门出台多项政策，以鼓励支持新型城市基础设施的发展。基于政策文本分析，本研究认为广州市推动新型城市基础设施建设的政策环境存在以下特点：

其一，层层递进，权责分明。不同层级的管理部门对新型城市基础设施的建设内容进行政策解释，并对其中的详细分工做出明确划分。例如，《广州市推进新型基础设施建设实施方案（2020—2022年）》中对"智慧城市"进行解释，要求市城管局、公安局等部门分工负责；同时，城管局根据自身的负责事项进一步拟定《广州城市管理和综合执法局推进广州市新型城市基础设施建设实施方案》，对城管局内的各部门分工也进行明晰。有效的政策传递能激发不同组织的参与积极性，也有益于资源分配与责任落实，对新型城市基础设施的可持续发展奠定基础。

其二，长期规划，短期行动。关于新型城市基础设施的政策文件，既包含远期计划，如《广州市基于城市信息模型的智慧城建"十四五"规划》《广州市城市管理信息化发展"十四五"规划》等，还涉及近期的具体落实方案，如《广州市加快推进城镇燃气事业高质量发展三年行动方案》提及"34. 加强燃气行业新型基础设施建设"等。长期规划有益于新型城市基础设施发展避免出现"短视"问题，短期方案也能防止相关部门出现"懒政""怠政"的风险。

其三，系统建设，应用深入。不同部门承担的新型城市基础设施职能可能存在差异。以城管局为例，城管局主要关注平台建设以及相关的城市治理应用（如建筑废弃物、城市环卫等）。根据《广州城市管理和综合执法局推进广州市新型城市基础设施建设实施方案》，城管局的建设内容呈现系统化特点，即数据平台建设为基底，基层治理、城市燃气等治理应用为目标，三元里等区域试点为抓手，视频监管、智慧便民等创新思路为特色，组织制度、评价体系等为统筹保障。其中，应用领域为重点建设内容，用以激发新型城市基础设施与现实治理问题的紧密联系，从而强化管理效能与执行水平，解决实际问题，服务公众生活。"系统建设，应用深入"的建设模式为新型城市基础设施的长期发展以及潜力释放提供支持，有益于推动新型城镇建设朝着现代化、科学化以及综合性的方向发展。

（三）广州市新型城市基础设施建设的实施方案

经梳理，广州市现有的新城建举措主要从五个层面展开，即统筹层、数据层、应用层、试点层以及特色层。统筹层包含城市运行指挥体系和综合管理服务调度中心等为新城建提供保障的一系列体制机制。数据层包含有关城市数据汇集、管理及分析的计划。应用层包含推进基层治理、建筑废弃物、燃气、环卫及公厕这五大领域智能化应用的举措。试点层即指打造新城建试点示范工程。特色层即广州根据自身发展优势提出的创新性的举措，包含视频智能分析系统和城市管理便民服务站。这五个层面的逻辑框架如图2-4所示。在数据层的基础上，新城建实现智能化应用。在应用的过程中通过试点层探索实践经验，通过特色层打造区域亮点。统筹层则从组织、制度等多个维度为上述四个层面的工作提供坚实保障。五个层面相互协同配合，共同助力广州市新城建的发展。

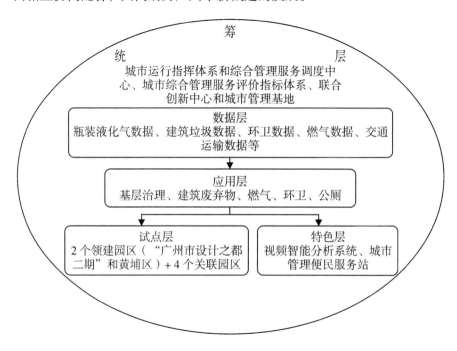

图2-4 广州市新城建实施框架

1. 统筹层

（1）城市运行指挥体系和综合管理服务调度中心

广州市规划构建基于 CIM 平台的城市运行管理指挥体系，探索建立"1+11+N"模式的城市综合管理服务调度指挥中心。同时，进一步搭建"数据互联互通、系统有序协调、指挥高效科学"的市、区、街三级联动。在这一体系的指导下，广州市能够统筹城市管理智慧化系统建设与应用，从全局视角实现新城建的整体式推进。

128

（2）城市综合管理服务评价指标体系

科信处负责建立城市综合管理服务评价指标体系，实现指标的动态调整、数据的统一采集以及结果的自动汇总。经过系统的整理后，科信处通过评价指标数值的变化以及与其他城市的对比，分析当前城市管理服务存在的短板，为完善城市治理体系，提高城市治理能力提供数据支撑。

（3）联合创新中心和城市管理基地

科信处负责联合相关企业创办新城建联合创新中心，推动城市管理技术、管理、商业模式等各类创新，并在监控指挥中心的配合下通过创新应用示范区域建设，形成"政府引导、社会参与、拓展场景、指挥提升、产业发展、促进经济"新城建工作格局。各单位要树立全周期管理理念，突出城市管理科技引领，以创新的理念推动城市治理。在城市管理技术研究中心的牵头下，城市管理经济园区要立足产业周期发挥其功能，探索建设城市管理科技应用推广和孵化基地。

2. 数据层

在数据汇集方面，广州依托"穗智管"系统，运用物联网、云计算、人工智能、大数据等技术手段，横向汇聚城乡建设、市场监管、公安交管、交通运输、自然资源、生态环境等领域的城市管理专业化数据，纵向联通市、区、街三级城市管理部门数据资源，构建综合性城市管理数据库。同时，在数据管理方面建立数据汇聚、校验、治理、更新等全生命周期管理规范，保障数据鲜活性、准确性和实用性。在数据应用时间方面，全面深化数据应用，重点关注城管专业化应用场景，建设综合监测、预警研判、指挥调度等功能的城管专业数字驾驶舱。

3. 应用层

（1）基层治理

广州城市管理和综合执法局城市管理监控指挥中心和科信处两个部门相互配合，优化升级"数字城管"系统，以"粤政易"为着力点，推动城市管理问题发现及处置的扁平化管理。同时，应构建基层治理"有呼必应"创新应用平台，提高基层治理问题的处理效率。此外，要依托"粤省事""穗好办"和"12345"公众热线，在商户以及城市管理实有设施安装二维码，民众扫码即可实现信息查询、业务办理、投诉举报、综合监督等各项事务，实现治理效能的提升。

（2）建筑废弃物

广州城市管理和综合执法局建废处指挥推进建筑废弃物指挥平台的搭建和使用，构建工地的运输联单系统，同时对余泥渣土运输的全过程进行实时监控，争取实现有效遏制余泥渣土运输超载、余泥撒漏等现象的作用。此外，在新城建的指导下建设建筑废弃物智能利用和绿色装配式建筑产业园，推动建筑业绿色化发展。

（3）燃气

广州城市管理和综合执法局燃气处要强化城市燃气的智能管理，加快设计第二代带安全监控功能的智能燃气表和燃气表计量管理系统。同时，要对天然气场站实现智能化管理、推动营业厅完成数字化升级改造，构建城镇燃气行业智慧综合管理平台，实现对燃气行业的智慧综合监管。同时，广州在燃气领域新城建行动的重要目标还体现于建成广州市燃气设施规划建设综合管理平台，打造燃气管线数据成图系统。平台和系统能实现对各类燃气管线数据的采集、处理、标准化、传输装载和管理。此外，燃气处还需完成广州瓶装液化气供应智能监管平台的升级改造，搭建分布式生产数据中心进行数据应急备份，对企业储罐、气瓶等燃气设施设备进行在线监控，以防止其泄露，实现瓶装液化气终端配送车辆的车联网一体化管理。

（4）环卫

广州城市管理和综合执法局分类处和环卫处共同牵头加强垃圾分类信息化建设，通过 AI 自动识别、视频监控、大数据处理等信息化技术手段实现对居民分类投放与投放点保洁管养的全区域、全范围、全时段监管督导。同时，要构建垃圾压缩站智能系统，内容涵盖基本信息、视频监控、环境监测、称重管理、统计报表、预警管理 6 个方面，实现对压缩站的视频监管全覆盖、智能化管理。此外，还需进一步推广新型环卫车辆，如无人驾驶环卫车、环卫机器人等新型作业设备，借助 5G、人工智能等手段提高环卫治理的工作效率。

（5）公厕

广州城市管理和综合执法局环卫处和科信处共同加强城市公厕云平台的应用管理，推动公厕数据与"穗好办"及高德、腾讯等公共服务系统的数据共享。基于"互联网＋公厕"思维，公厕云平台运用大数据匹配不同场景的特定需求，突破传统公厕"找不到、用不了、坐不下"的困局，解决传统厕所异味控制、节水节能、人性化服务等方面的难题。此外，群众能在"广州城管"微信公众号、"广州公厕云平台"、高德地图等平台进行公厕的"一键导航"，推动公众日常生活的便捷化。

4. 试点层

广州市要采取市区共建模式，围绕视频应用、垃圾分类、智慧环卫等打造一批示范应用系统，提升全市智慧城管整体水平。规划建设广州市新城建产业与应用示范基地"2+4"产业版图，即2个领建园区（"广州设计之都二期"和黄埔区）加4个关联园区，涉及广州海珠、黄埔、白云、番禺、花都、南沙6区。经过三年的建设发展，要在广州市建成基础设施领先、核心产业雄厚、关联产业协同、衍生产业活跃，具备产业和经济规模带动力的新城建产业与应用示范基地。

5. 特色层

（1）视频智能分析系统

广州城市管理和综合执法局科信处要建设面向新城建的视频汇聚和AI分析云平台，在现有汇接城市管理视频云平台的视频资源基础上拓展视频接入路数，提高视频发现问题能力，打造城市管理视频"指数"。同时，要强化视频智能分析算法能力，突破算法场景数量瓶颈，发挥好视频算力的资源效益，提升快速发现问题能力。

（2）城市管理便民服务站

在广州城市管理和综合执法局发展规划处的指导下，结合城市更新、人工智能与数字经济"双引擎"，在城市规划、建设、更新时，因地制宜部署集垃圾分类宣传、公厕、垃圾收运、燃气供应、低值回收物服务站点等功能于一体的智慧化城市管理便民服务站，为民众提供更加便捷化、智能化的公共服务。

（四）新型城市基础设施的建设目标及路径

基础设施是城市发展的物质载体，反映人类社会与自然环境的有机交互，对空间经济、社会形态、环境构造等方面产生深远影响。自古以来，城市管理者便极为重视基础设施的建设，尤其体现在交通方面，如运河、沟渠、驰道等工程。伴随公众需求的多元化，城市基础设施出现更多类型，如教育设施、医疗设施、通信设施等。不同类型、不同时期的城市基础设施反映特定阶段的技术特征、承载功能，在动态演化中塑造城市的社会经济形态。数字化、信息化技术的广泛应用推动城市基础设施的转型升级，催生出"新型城市基础设施"的概念，在学术界与实务界中被广泛讨论。借鉴不同领域的相关表述，本研究认为，新型城市基础设施是"独立存在或对原有城市基础设施进行改造升级而形成的城市物质系统；致力于数字化、网络化、智能化，以改善城市运行效率，提升公众的满意度与幸福感的公共设施；城市可持续发展的基本物质载体"。

党的十八大以来，新型城市基础设施正在经历一段快速发展时期。基于上海市、广州市、北京市等 25 个城市关于新型基础设施建设和新城建的 29 份政策文本（数据来源于"北大法宝"、政府网站等），本文采用文本分析法对新城建相关内容进行分析、总结。

政策目标是政策执行的出发点和归宿。在收集的案例中，25 个城市的发展目标涉及"智慧"相关关键词，23 个城市的发展目标涉及"可持续性"相关关键词，15 个城市的发展目标涉及"韧性"相关关键词。"智慧"是所有城市在新型基础设施建设中关注的重点，数字化、网络化、智能化是新型基础设施建设的基础，同时也是"韧性"和"可持续性"两个目标得以实现的前提。"可持续性"反映出新型基础设施的运营模式，大多数城市已认识到新型基础设施建设不仅应该满足目前需要，还应当关注到未来需要。"韧性"相较于"智慧"和"可持续性"强调新型基础设施建设的防灾、减灾功效，对城市安全具有重要意义。

政策内容是政策目标的具体拓展。经比较，不同地区的新型城市基础设施内容既存在共性，也存在差异。在共性方面，各城市的新基建政策均包含全面推进 CIM 基础平台建设、实施智能化市政基础设施建设和改造、协同发展智慧城市于智能网联汽车、加快推进智慧社区建设、推动智能建造与建筑工业化协同发展、推进城市运行管理服务平台建设等方面。其次，城市均遵循"试点先行"的工作策略，在重点区域开展试点示范，形成可复制的模式后再在全市范围内推广。但在共性之外，不同城市的政策内容也呈现其自身的特点。例如。重庆市指出要验证车路协同技术在山地城市开放道路环境下的应用效果，关注创新技术在城市独特地形情境下的应用。烟台市则根据城市自身的发展特点推进防汛、违建等领域的现代化治理升级。

保障措施是政策内容得以实现的重要动力，强调在诸多方面形成推力，以助力政策目标的完成。经梳理，本研究发现强化统筹协调、指标支撑及加大资金投入是所有城市发展新型基础设施以及新型城市基础设施的共识。在统筹协调方面，建立领导小组和专项工作组，推进新型基础设施发展的工作部门间联席会议制度，以实现部门合作、协同强化。在指标支撑方面，要求明确项目的各方面需求，强调土地、能源等资源供给，充分保障项目的平稳、有序建设。在资金投入方面，强调在争取国家专项资金、市级财政资金支持的基础上大力推动社会资金的引入，构建多元化的资金保障体系。

除此之外，不同城市也提出其他措施推动新型基础设施建设的发展。天津、深圳等城市提出应当强化安全防护，建立高效网络安全防护机制，提升对自然灾害和突发事件的应急和修复能力，并建设数据安全保障体系，加强对重要数据和个人信息的保护。福州、成都等城市提出应完善监管评估，建立项目全生命周期的评估评价工作，加强对新型基础设施建设的督查考核。烟台、杭州等城市指出要扩大宣传引导，及时将建设成果进行推广，同时普及相关指数，增加大众对新型基础设施建设工作的认知度与参与度。上海、北京等城市要求完善技术标准和政策法规体系，制定CIM 数据管理办法、数据分级管理制度推动新型基础设施发展的规范化。

（五）新型城市基础设施的理论基础及框架

以"智慧""韧性""可持续性"等理论视角为指导，通过纵向统筹、横向协调落实新型城市基础设施的规划、建设、运营等阶段工作，以社区的全域治理和长期发展为基础，构建资源保障、绿色循环的"可持续性城市"、风险响应、动态稳定的"韧性城市"、互联互通、集成治理的"智慧城市"（图2-5）。

1987 年，世界环境与发展委员会在报告《我们共同的未来》中对可持续发展进行定义，指出基础设施系统的设计应满足目前和未来的需要，确保项目在不同生命周期内实现多领域的可持续性（sustainability）[1]。就本质而言，可持续性强调系统持续、稳定发展的能力，涉及经济、社会、环境等多目标的平衡与优化。此外，在可持续性的实现与评价方面，公众参与、知识传播、管理理念等也被纳入考虑[2]。从项目视角，可持续性关注基础设施在较长时期内的功能价值，如安全性、有效性[3]；从城市视角，可持续性关注基础设施系统对于区域的生活条件与生活质量的促进作用[4]。

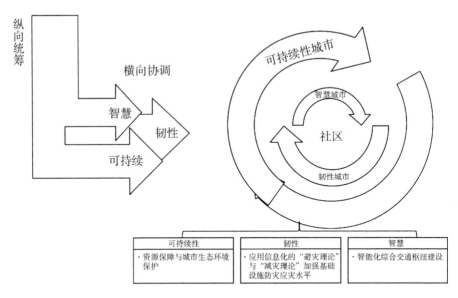

图2-5 分析框架

韧性（resilience）起源于生态研究[5]，如"生态韧性"，强调持续变化的生态系统具有多种稳态，在受到干扰时仍然保持关键功能[6]。近年来，全球灾难频发，风险的不确定性引发学术界、实务界的广泛讨论，提出"工程韧性""灾难韧性""心理韧性"等概念[7]。在"城市韧性"方面，技术、制度、环境、社会等内容被广泛提及[8]。其中，基础设施在城市韧性的构建中扮演重要角色，从不同视角提升城市应对自然灾害、重大疫情等不确定性风险的能力[9]。从适应性视角，基础设施提升城市在外力冲击下，达到动态平衡的能力；从风险视角，基础设施减轻和预防城市的潜在灾害风险，确保城市长期、平稳运行；从复杂性视角，基础设施推动灾害情景下的多主体协同响应。

信息化、大数据时代，智慧（smart）的要素视角常与城市运营相联系，如"智慧城市"。智慧城市的具体内涵存在争议，可以从不同维度进行解读。在技术层面，智慧城市与信息技术（如传感器、实时监测和数字知识共享平台）的使用密切相关[10]；在应用层面，智慧城市关注信息技术在"硬件"（建筑、能源、基础设施等）、"软件"（教育、医疗、文化等其他生活服务）领域的作用[11]；在管理层面，智慧城市关注"人"的因素，强调信息化技术与公民实际诉求的匹配[12]。传统基础设施难以满足智慧城市对数据收集、存储、分析等的技术要求。因此，实务界开始关注新型城市基础设施的规划、发展。近年来，伴随新型城市基础设施的建设与应用，智慧社区、智慧医疗、智慧移动等城市服务智慧化现象不断涌现。

二、广州市新型城市基础设施服务成效及试点现状

习近平总书记指出，要提高城市治理能力，着力解决城市病等突出问题，不断提升城市环境质量、人民生活质量、城市竞争力。新时代我国社会主要矛盾已经转化为人民日益增长的美好生活需要和不平衡不充分发展的问题，面临着增速换挡、结构调整、转型升级的阵痛，社会矛盾和环境错综复杂，迫切需要完善城市治理体系，提高城市治理能力。传统过分强调专业化、协调手段单一、行为约束僵化的科层制城市管理模式无法满足以广州为代表的特大型城市精细化管理的需要。因此，为顺应新一轮科技产业变革和数字经济发展趋势，广州市抢抓"新城建"发展机遇，推动城市治理智能化精细化科学化，完善治理体系和提升治理能力。

（一）技术指引：信息技术赋能治理智能化

数据已成为一种关键的治理要素，政府内外产生的各类数据资源，是精准化治理和诊断式回应的基础。特别是在新一代信息技术的辅助下，海量数据背后的关系与规律，可为政府部门决策提供可靠和有力的支撑[13]，城市规划和建设也从 BIM 走向 CIM，智能化技术服务于城市规划、建造、运营、管理全生命周期。2021 年，广州市建成发布全国首个 CIM 基础平台——广州 CIM 基础平台，在数据精确采集、数据全面应用、数据深入分析以及数据安全可控等方面取得了一定的进步和突破。

1. 数据采集精确化

广州 CIM 平台主要通过感知设备、市级基础设施云平台、时空大数据平台获取城市运行数据。目前，平台构建了全市域 7434 平方公里三维地形地貌，完成 1300 平方公里城市重点区域现状精细三维模型建模工作，共汇聚了超过 900 个 BIM 单体模型，不断完善全市一张"三维数字底图"，向部级平台提供了 20 大项 35 小项数据。同时，广州 CIM 平台在城市重点区域还汇聚了地下管线、地下构筑物、经济、税收、企业等数据信

息，构建起地上地下、室内室外、现状未来一体化的管理，并接入燃气监测、水位监测、井盖位移监测、城市内涝积水监测等物联传感设备。

2. 数据应用全面化

盘活数据资源的关键在于数据应用场景的开发。广州 CIM 平台具有丰富的场景容纳能力，可面向政府部门、企事业单位及社会公众开展多种类型的开发与应用，通过数据融合和业务协同，实现高效处置一件事，进而高效治理一领域。其中典型应用场景包括智慧城市规划，该场景集成土地利用现状、城市三维模型，对城市进行二三维一体化展示，利用二三维分析技术对城市规划进行辅助设计，搭建城市空间规划实施监督预警系统，实时提供城市重要信息要素的可视化大数据分析和位置集成，为城市规划和发展提供决策支持。聚焦新城建任务，广州市构建"CIM＋"应用体系，开发了包括智慧工改、智慧工地、城市更新、桥梁健康、智慧社区、穗智管、智慧名城等 20 多个场景的"CIM＋"应用，形成"CIM＋"应用生态。以广州市运行管理中枢"穗智管"为例，截至 2022 年 11 月，"穗智管"基于各业务领域政务数据和社会第三方数据，以及实时的城市运行感知数据，已建设 24 个主题，对接 115 个业务系统，接入全市 30 多万路高清视频，超过 11 万个物联感知设备终端，构建自然资源、交通运行等 8 大类 211 项指标的城市运行评价体系，生成城市体征数据项（包含城市人口、城市环境、城市执法、城市保障、城市服务等指标）3103 个，汇聚数据量 90.6 亿条，共对接 2879 项数据项，其中通过接口、库表等对接的数据项为 2023 项，实时更新数据占总数据量的 70.27%。同时，广州市正在拓展 CIM 在智慧城建领域应用的广度和深度，例如 BIM 应用的普及度、业务场景的广泛度等。

3. 数据分析深入化

随着互联网技术的发展，数据的汇聚和流动成为政府对社会各领域治理的问题感知和决策来源。数据只有成功转换为信息，并在政府的上下级之间、部门之间流动，才可为政府解决信息不对称困境提供科学和客观的依据。随着人工智能、大数据、云计算技术的飞速发展，政府能收集到来自各方系统的海量数据，通过对数据的全面实时动态采集、建模、机器学习，建立基于数据的动态反馈和决策机制，提供基于多属性数据映射的精细化高拟实的多维度、多环境建模，通过复杂运行系统和运行环境下的性能分析和行为预测，对进一步推动解决行政管理过程中的不确定性、多样性和复杂性等问题有很大帮助。广州 CIM 平台具备海量数据的高效渲染、模拟仿真、物联网设备接入、三维模型与信息的全集成、可视化分析、二次开发 6 大核心能力，可以把现实物理城市在计算机上进行建模虚拟，形成数字孪生城市，通过数字化建模仿真推动住建、交通、水务、城管、应急及公安等领域行政管理能力的提升。具体而言，在城管领域，广州市建设了"感知智能""认知智能""决策智能"的"穗智管"城市运行管理中枢，实现城市运行"一张图"，在数字化应用领域形成了"用数据说话、用数据决策、用数据管理、用数据创新"的治理新模式。

4. 数据安全规范化

随着数据资源日益重要，数据与信息安全成为数据技术发展和数据开放共享环境下不容忽视的关键问题。数据安全贯穿于数据挖掘、数据存储、数据传输和数据应用等环节。只有提升数据安全保障能力，才能构筑智慧城市安全屏障，防止数据被非法泄露和利用。依托"穗智管"城市运行中枢平台及城市综合管理服务平台，规范环卫保洁、厨余垃圾收运等数据信息采集，构建综合性城市管理数据库，建立数据汇聚、校验、治理、更新等全生命周期管理规范。目前，广州市已初步建成城市管理数据中心，整合各业务系统数据，接入共享行业管理部门数据，构建跨部门、跨系统、跨层级、跨业务的数据共享与交换机制，确保数据安全可控和高效应用。

（二）平台搭建：双流嵌合赋能治理精细化

广州市汇聚市、区、镇（街）三级城市管理数据资源，打造了城市综合管理服务平台。该平台系统地梳理了涵盖城市基础数据，汇聚了多个业务系统数据以及"大城管"模式下的 16 个局委办相关数据，初步构建起"环卫、燃气、渣土、执法"四个特色业务场景，梳理了 100 项以上常规指标、20 项以上核心指标、30 项以上可比指标，建立了一批指标及评价模型，可及时准确地对异常状况进行智能预警研判。据调研，城市管理信息化平台建设思路可总结为"4＋3＋10"模式。"4"指城市管理信息化平台发展的四个阶段：数字城管—智慧城管—城市综合管理服务平台—城市运行管理服务平台。目前，广州市正在综合管理服务平台基础上，增加安全管理有关内容，建设城市运行管理服务平台，实现城市运行"一网统管"。"3"指城市管理信息化平台的基本架构，包括国家、省、城市三级，三级平台互联互通、业务协同。具体而言，国家城市运行管理服务平台引领省市两级，对其进行业务指导、监督检查、综合评价；省级城市运行管理服务平台承担枢纽角色，市级城市运行管理服务平台作为城市管理信息化平台的运作主体，对各业务部门进行统筹协调和指挥调度。"10"指市级城市运行管理服务平台的十大系统，包括指挥协调、行业应用、公众服务、运行监测、综合评价、决策建议 6 个业务系统，以及数据交换、数据汇集、应用维护 3 个支撑系统，并建立市级城市运行管理服务数据库（图 2 - 6）。

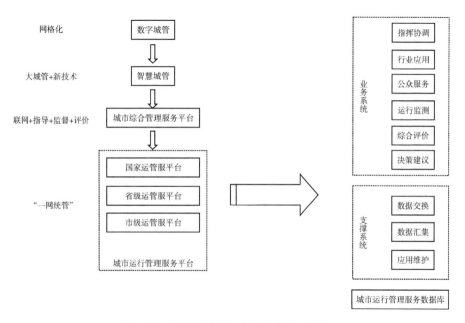

图 2 - 6　广州市城市信息化平台的建设内容

　　城市管理信息化平台的建设成效突出表现在以下方面。

1. 智能化手段推进应用场景精细化

　　治理精细化需要根据社会复杂化的趋势特点，采用科学化的手段，避免粗放管理存在的治理盲点和真空。传统城市管理在地理区域和业务领域均存在"边缘地带"，相对粗放的管理不利于提升公共服务供给的质量与效率。在广州市城市管理信息化平台中，行业应用系统包括了市政公用、市容环卫、园林绿化、城市管理执法以及其他城市管理业务系统，深化智慧环卫（垃圾分类）、厨余垃圾收运、建筑余泥、户外广告安全监管应用，重点打造垃圾分类、智能燃气应用等一批典型应用场景，力求实现全场景覆盖、全流程监督；运行监测系统则以预防燃气爆炸、桥梁垮塌、城市内涝等重大城市事故为目标，对市政设施、房屋建筑、交通设施和人员密集区域等开展物联感知建设，对城市运行事件实现实时感知、早期发现和高效应对。以户外广告招牌安全管理为例，以往有关行人被坠落的广告牌砸伤的新闻层出不穷，而广告牌的安全隐患以工作人员定期巡检的方式排查，可能存在不全面、不准确、不及时的问题。在新城建的背景下，户外广告牌在加装智能化检测设备后，可实时向监测平台传输倾斜度、损耗度等信息，主动发现问题、自动发出预警。目前，广州市已累计排查户外广告和招牌设施 48 万余块（次），整治风险隐患 3321 宗（表 2-8）。

表 2-8 信息化平台中目前已开发的业务系统概况

职能板块	系统名称	基础数据	功能
燃气	广州市瓶装液化气智能供应监管平台	瓶装气企业：29 家 充装站：37 家 检测站：7 家 从业人员：9397 人 灌装秤：558 台 车辆：1713 台 燃气行业用户：166 万户 液化气钢瓶：571 万只	行业基础信息管理、瓶装气全过程作业监管、智能充装监管系统、气瓶检测报废系统、供气服务、行业培训、行业评价服务系统、电子化入户安检系统、视频监控系统、充装精准计量监管系统、最后一公里配送监管系统等
	广州市城镇燃气行业智慧综合管理平台	燃气企业：总共 63 家，其中管道天然气企业 18 家，瓶装液化气 30 家，车用气企业 15 家 燃气场站设施：899 个，其中管道天然气场站 28 个，瓶装液化气场站 857 个，车用气场站 14 个 从业人员数：11005 人 燃气管线设施：21.2454 公里	风险预控与 AI 巡检子系统、统一调度子系统、行业数据透视子系统、行风建设服务子系统、市场运营服务子系统、智能专题分析子系统、后台管理子系统

续表

职能板块	系统名称	基础数据	功能
燃气	广州市燃气设施（地下管线）规划建设综合管理平台	地下管线企业：28家 燃气站点：4个 管点：9674个 管线：4837段 数据服务发布：16个	燃气设管理、数据共享交换、三维一张图、设施规划管理、设施建设管理
	广州燃气智能化管理平台	安全检查问题历史记录：12271条 企业信息：63条 燃气储配站：43条 瓶装液化气储配站：35条 液化气供应站：814条	燃气安全智能化监管、燃气地理信息管理、协同管理、车牌识别系统、燃气智能在线监控等
垃圾处理	广州市建筑垃圾智慧综合管理系统	车辆：8532辆 船舶：590艘 工程工地：1645个 陆运企业：356家 水运企业：175家 消纳场所：350个 临时装卸点：24个 循环利用企业：46家	行政许可管理、车船信息管理、企业信息管理、全景地图、诚信计分管理、智能预警分析、统计信息报表、设备监测管控、系统管理等
	广州市垃圾终端处理监管平台	环卫车辆：3468辆 垃圾处置场：31个	地磅计量数据监管、生产与环保数据监管、IC卡车辆管理、日常办公业务处理
环境卫生	广州市城市管理智慧环卫系统	环卫企业：483家 环卫工人：56870人 环卫车辆：6962辆 环卫公厕：1816座 压缩站：350座 收集点：4722座 环卫驿站：2285座	环卫基础设施管理、保洁作业监管、餐厨垃圾收运管理、粪便和病死禽畜垃圾收运监管、环卫运输车辆IC卡管理等

续表

职能板块	系统名称	基础数据	功能
信息化建设	广州市数字化城市管理信息系统	政府机构：11 个区城管局 + 指挥中心 街道：175 条 单元网格：19400 个 人员：1066 人	指挥调度一张图、协同平台、受理平台、综合查询、统计分析、问题上报等

2. 多渠道收集推进政府回应精细化

治理精细化需要适配社会多元化的特点，提升政府回应的精准性和有效性。在参与方式上，广州市利用微信公众服务号、"穗好办"App、"一码扫城"、"市民报事"等方式为市民提供投诉、咨询服务，调动市民群众等社会力量，逐步实现"市民共管"的城市管理新格局。在处理流程上，信息平台将公众诉求问题反馈到指挥协调系统，通过"信息采集、案件建立、任务派遣、任务处理、处理反馈、核查结案、绩效反馈"7 个阶段的闭环管理，实现政府回应的精准性和有效性。据统计，广州市数字化城市管理信息系统每日案件约 2500 宗，年度处置率达 99.75%，年度结案率达 98.6%。

3. 全流程追踪推进人财物管理精细化

治理精细化也意味着管理制度的精细化，包括细化原有制度、更新配套制度、明确责任主体等。人员管理上，以白云区三元里环卫工人为例，企业化管理的信息监管手段可以明确追踪环卫工人上下班时间、工作路线、签到率、处理率等，能够更好分清工作量和工作绩效，合理设定考核标准，减少同工不同酬和同工不同责等现象。数据管理上，广州市信息化平台建立了跨层级、跨部门数据共享交换支撑的数据汇聚和交换系统，实现基础数据、专题数据的交换、清洗、整合与加工。评价体系上，围绕"干净、整洁、有序、安全、群众满意"5 个方面的评价指标，综合评价系统结合指标计算规则和算法，自动生成展现数据，纵向横向对比，实现城市管理质量考评的精细化。

（三）试点共建：示范效应赋能治理科学化

习近平总书记曾指出："试点是改革的重要任务，更是改革的重要方法。要发挥好试点对全局性改革的示范、突破、带动作用。"广州市正加快打造以新城建为抓手的城市服务新样板，根据对广州市新基建项目的初步考察，研究认为，广州新城建已在设施整合、服务增效、队伍管理等方面展现出一定作用。

1. 亮眼案例之一："白云智慧城管"平台

白云区城管局聚焦民生服务保障，借助"白云智慧城管"平台，以科技赋能，实现人员、机器设备和服务场景"一网统管"，城市治理更有"智慧"。

设施整合方面，"白云智慧城管"平台以组件的方式融合了智慧一期、垃圾分类等系统模块的全部内容，实现了系统功能的复用，减少了重复建设。同时，进一步打通了各个系统、模块的数据壁垒，建立了以融合网格、城市部件、楼栋信息、人员信息、健康码信息、工单信息等为基础的数据中台，为下一步数据整合应用资源共享打下基础。

服务增效方面，"白云智慧城管"的视频汇聚平台连接辖区内3万个摄像监控，实时抓拍辖区内城市管理问题图像。通过算法识别问题类型、过滤无效抓拍后，平台生成位置、问题描述等相关信息，经过人工审核后生成工单，再派遣给相关人员处理，并及时跟进处置情况。一般情况下，生成问题工单后半小时到一小时内处理完毕，所有问题工单基本做到每日清空。"白云智慧城管"把市民需求终端和政府提供服务前端链接起来，让需求可视、让城市管理部门可感知，进而迅速处理、跟进和监督。

队伍管理方面，"白云智慧城管"平台接入了两版地图，除了企业使用的百度地图之外，还在政务网接入了"广州2000地图"，能查看更多更详细的城市元素。同时，提供可配置拓展的资源管理模块，城管纳管的所有城市部件设施可在一张图上统管查看，更加方便快捷。其接入的地图上，除了基本的地图信息元素外，还有环卫工人和巡查人员、环卫作业车辆的活动轨迹。同时，也可以点击查看报事工单的处理情况，具体到处理开始和结束时间、整改详情、市民评价等。由此一来，执法队伍人员的工作表现、绩效考核等都通过数据客观呈现，便于实现队伍标准化、规范化。

2. 亮眼案例之二：鹤龙街道智慧灯杆

城市道路上需要布置较多的市政设施杆件，一般包括交通标志、智能交通设备、照明设施、电车系统设备、路名标识、广告等。根据现状调查，目前广州市各类市政设施采用分杆模式较为普遍，形成城市道路杆件林立的特征，对城市景观有负面影响，同时造成设施布局冲突，增加管理协调难度。

"多杆合一"的智慧路灯提供了一个新的解决途径。设施整合方面，智慧灯杆与交通设施杆件、路名牌与导向牌杆件以及其他基础设施整合，集成了智能路灯汽车充电桩、公共 Wi-Fi、广播、摄像头安防、报警按键、对讲按钮、电子公告屏、风力风向、雨量、紫外线、光照度监测等硬件设备。政府可以通过统一的管理平台进行远程控制、远程管理、远程运维、数据采集、数据分析、消息发布、故障监测等操作，满足了市民照明、通信、充电等多场景需求。同时，智慧路灯提升了城市承载能力，避免频繁扩建和升级，整体提升了城市街道的视觉观感，使城市空间更通透开阔、道路更加顺畅、行人更加舒适。

除鹤龙街道外，天河区、海珠区、白云区、增城区等开展共计 16 个项目 1083 根杆的建设工作，预期建成杆数超 2000 根。

3. 亮眼案例之三：三元里街道智慧环卫监管系统

作为粤港澳大湾区的核心城市，广州实际管理人口超过 2200 万，每日产生超过 2 万吨的生活垃圾。白云区三元里街道通过智慧环卫监管系统，变粗放管理为精细管理，通过利用物联网、大数据、云计算等技术，对人、车、事、物全要素全流程进行监管，实现垃圾收运处置全过程智慧化。

设施整合方面，智慧环卫监管系统通过对各类环卫设施、车辆等进行全过程实时监管，形成一个信息互联互通的物联网络，全面掌握全市、各区的环卫作业情况，高效统筹调配环卫作业资源，形成多级协同处理能力，实现垃圾来源可查、去向可追、管理留痕的全生命周期数字化管理。

服务增效方面，市民通过"云报事"反馈环卫问题，或系统自动检测街面垃圾暴露、发出报警后，环卫工人能够即刻收到系统转达的工单，在 20 分钟内到达现场完成处置，大大提高了反应速度。此外，工单还可以通过评价体系对责任单位的处理情况进行评价，计入单位绩效考评，有效提升了联动单位处置城市管理问题的积极性。

队伍管理方面，无人驾驶清扫车、AI巡查车承担了清扫道路、洒水降尘、喷洒消杀、收集违章信息等任务；垃圾分类站、误时投放点设置的人脸识别监控，全天候不间断记录违投人员，强化了垃圾分类监督力度。在街道操作后台，环卫工人和巡查人员、环卫作业车辆的活动轨迹被实时反映在智慧地图界面。平台能够观察统计作业车辆的基本情况和使用状态、能耗等情况，极大变革了传统环卫作业方式。

三、广州市新型城市基础设施建设的问题及成因

当前广州市新城建工作成效卓著，在建废、燃气、环卫等城市管理细分场景都取得了长足进步，革新了技术工具和管理方法。但在新城建向纵深推进的过程中，新困难和新问题也不断浮现。这些问题突出表现在整体设计、技术能力、主体协调等方面，对新城建的可持续性、韧性、智慧化愿景构成了直接挑战，亟须在新旧转换时期得到思考和解决。

（一）整体设计维度——全局历时"可持续性"待提升

新型基础设施建设是一项涉及城市全域空间的工程，对未来长时段的城市发展具有深远影响。科学合理、具有前瞻性的顶层设计，以及持之以恒的培育投入是实现城市治理方式转变的关键所在。从既往实践经验和调研情况来看，目前城管领域在整体设计上，有如下几点值得留意。

一是建设规划的时空延续性仍然欠缺。新型城市基础设施建设周期和回报周期长、影响范围广，需要政策给予持续关注和引导。作为新城建顶层设计的一部分，目前市级城管部门的建设计划在时间和空间上都还存在一定缺陷。一方面，由于新城建概念提出相对新近，此前的规划计划主要是独立分离的数字化工程，例如建废、燃气等专项数字化工作，尚未形成一个历时延续、相互衔接的新城建体系，拼凑感比较强，难以提供稳定预期。另一方面，当前的新城建主要由各个基层试点牵动，因时制宜、因地制宜的小型项目偏多，而全域性、整体性的规划相对不足，市一级的统筹作用未充分发挥。这导致孤立试点的智慧化水平高、而区域间互通的智慧化水平偏低，不同地区的建设水平差异较大，新城建空间上存在不连续，与现实中多变、流动的治理需求不相适应。

二是资金投入的连续性存在不足。无论是硬件层面的设备搭建，还是

应用层面的程序开发，新型城市基础设施建设都需要有力的资金支持。连贯有序的资源投入是新城建项目有序落地的前提条件。但财政预算的盈枯周期，往往令项目建设资金的拨付呈现运动式、一次性的特点，项目进度、运营质量状态起伏较大。加之财政预算的核对调整、项目申报审批程序客观上存在一定的时滞，加剧了资金投入的不连续，阻碍了新技术的落地应用。除了时间维度的连续性问题，资金在空间上、不同地区之间也存在投入差异，影响新城建"可持续"执行。

三是业务优化的持续性有待提升。新城建项目往往针对当下业务的痛点进行开发，利用技术满足目前的实用性需求，但可能对未来业务需求的发展估计不足。目前，新城建引入的技术以信息收集派发、实时识别报警和事后统计查询为主。系统提供基础的数据收集和监控功能，借助预先设定的处理流程和技术算法替代传统的纯人工监控、人工处置。但数据汇聚后的分析、预测等后续能力则相对薄弱，未能完全发挥对政府决策的支撑作用，难以持续性地为今后的城管业务提供技术支持。

四是新技术运用的组织体制和激励机制尚未健全。新城建为城市管理带来了更精细化的作业方式，发现和追踪问题的能力大幅加强。但由于技术引入前，各业务板块已经对传统工作方法形成了一定程度的路径依赖。新城建有关技术引入后，治理要求提高，基层队伍工作难度骤然加大，易产生排斥心理。技术转变带来的制度成本问题仍需由制度改革加以解决。而目前，广州城管体系对新城建常态化组织安排还未够完善，技术转换期的制度准备还不足，对技术应用者缺乏动机激励，增大了新基建的推广阻力。

资金投入、业务优化、组织体制和激励机制的可持续性问题，根源还是在于整体设计、建设规划薄弱的问题。首先，明晰的事前设计是确定资金安排的重要基础。准确的建设目标、路线图能够帮助政府部门协调财政资金投入的时间节点、各阶段的资金投入量，形成一个稳定的资金链安排。目前，城管部门在新城建、信息化方面的计划仍然有模糊之处。例如《广州城市管理信息化发展"十四五"规划（2021—2025）》中列出的重点工程建设内容，"完善、深化、优化、加强"等定性描述较多，而对具体推进哪些项目、详细的建设路线和时间轴等方面着墨较少。缺乏相关指导，可能削弱资金使用的计划性，加剧新城建的资金投入困境。

其次，对于业务优化而言，整体设计规划承担着连接现状和未来、联系统筹不同城市空间的重任。业务条线应当对未来发展变化具有前瞻认识，考虑市民群众长期的需求变化，利用科学方法演绎现有数据，善于思考、取法乎上，敢于提出长时段高标准的规划方案。在空间上，由于广州各区条件不同，天然存在资源分布不均的问题。新城建的目标之一是实现治理能力、服务能力的均等化，这要求城管业务部门必须主动运用好整体规划，从市一级层面统筹好试点分布、推广方案，不能陷入纯技术、纯市场主导的误区，加剧分配不均问题、损害城市可持续发展前景。

最后，整体设计规划能够为城管部门提供一个评价效益、总结经验的参考系。新城建虽是公共工程，但不能忽视项目的成本收益分析。政府部门必须精细考虑新城建项目的支出成本和社会效益，回答诸如"技术引入的有形和无形成本有多少""技术是否准确匹配业务需求""相比传统方式，能产生多大额外收益"等问题。以智慧灯杆为例，路灯与直流充电桩的结合实现了技术突破，"停车就能充电"的设想是一大创新。但周边市民的充电需求具体有多大、如何进行分散充电的安全管理、灯杆高成本如何解决等问题需要在建设前得到合理解决。制定完善事前的设计规划对后续执行各环节来说不可或缺，中层规划的缺位是当下城管部门需要重视的问题。

（二）技术能力维度——快速反应"韧性"需加强

韧性强调系统受到风险冲击后迅速恢复的能力，考验的是新城建快速反应和临机处置的水平。目前新型城市基础设施在城市管理领域的灵活性还不够强，这主要受到系统平台本身技术设计、基层人员技术能力、应急预案等要素的制约。

一是系统标准化、模块化程度仍然不足。在新型城市基础设施建设之初，缺乏统一的数据标准和接口标准，使得数据在产生阶段就面临兼容性问题。这一方面是源于过往信息化过程的历史遗留——上一阶段的城管数字化建设更多强调无纸化、电子化，对标准化的关注程度不够，导致数据可迁移、可复用的比例不高。另一方面，新系统建设过程中也缺乏主动兼容的动力，新旧交替时期格式标准难以统一，削弱了数据的通用性。此外，目前新城建各平台的模块架构还不够清晰，视频监控、工牌管理、车辆管理等模块在系统间的通用性不强，而且城管自身个性化、特色功能仍然较少。总体上，平台用于调整变化、拓展个性化功能的空间还不够多，难以满足城市管理的灵活需要。

二是基层人员技术能力未达要求，培训效果不够理想。调研过程中发现，基层工作人员运用系统不熟练、为了迎检才临时上手操作等情况依然存在。基层队伍技术能力不足导致技术空转、日常利用率不高，系统整体响应速度较慢。既造成新城建投入资源的浪费，又加大了基层工作的负担，起到了反效果。要克服"难应用、少应用"的困境还需要继续提高技术培训水准；同时积极收集新城建运行阶段遇到的问题和使用需求，定期交流改进。此外，吸纳专业技术人才充实队伍、提高部门内部对新城建的认识水平和重视程度也十分必要。

三是应急预案有待进一步完善。新城建融合 5G、物联网、云计算、大数据、人工智能、区块链等新一代信息技术，带来了更多的设备终端和系统平台。城市智能化、智慧化程度越高，系统的集成度越高，潜在的安全漏洞也越多。加之，新城建参建主体多元，对数据安全的管控能力参差不齐，加大了安全风险。在技术依存度提高、人工介入减少的情况下，需要更加重视信息安全风险、设备宕机风险等新型风险。目前，城管部门针对新风险点的应急预案体系尚未完善，风险识别和管控工作尚未充分开展，在对试点的调研中发现仍存在部分敏感信息在公屏显示等问题。

（三）主体协调维度——"智慧"共享共建存短板

新城建要推动的智慧化是一种协调、开放、共建共享的智慧化。新型城市基础设施为代表的智慧化建设具有明显的"木桶效应"，系统间最弱、最孤立的一环将会极大程度地制约整个体系的发展。因此，如何整合各个建设主体，统一步调和建设重点，汇聚部门力量、政企力量，是当前新城建实现智慧目标面临的关键问题。

一是业务条线的整合力度还需提升。这一方面体现在城管内部各系统的整合水平还不够高，同一项城管职能根据面向群体、管理重点不同，划分为多套独立系统，系统之间的连通性比较弱。以燃气管理为例，广州市级城管部门主管的平台包括：瓶装液化气智能供应监管平台、城镇燃气行业智慧综合管理平台、燃气智能化管理平台等，分割程度较高、整体看比较零散。目前平台间已逐步建立一些对接机制，但未来仍需在功能上加强整合。

同时，城管部门内职能板块分工仍有不明确、边界较模糊等问题。新城建项目需要业务和科技统筹两个板块的深度合作。业务板块深耕细分领域，对当前业务开展情况和技术应用实际效果有比较清晰的认识；科技板块专司统筹协调，整体谋划建设布局，两者是相互配合、相互补充的关系。目前，业务板块在新城建及信息化工作方面，参与程度还不够高；统筹部门在具体业务了解程度方面又有劣势，导致内部分工协调效果不佳。

业务条线的碎片化还体现在城管部门和其他部门之间的数据共享交换不足。虽然广州市政数部门已经建立起"可复用可共用信息系统目录"，力图借助数据交换平台强化政府内部数据沟通，但部门间信息壁垒依然存在。由于承建企业、数据库、操作系统、应用软件和用户界面等情况不同，新城建技术和路径不统一，系统间共享、线上与线下联动存在衔接缝隙。车载 GPS 数据、大气 $PM_{2.5}$ 数据、土地规划数据等标准型数据的共享量大、共享顺利，而人员信息、作业情况等非标准型数据则面临共享阻力。一部门采集的数据未必能够在另一部门通用，进而造成信息重复采集等问题。此外，数据共享的激励约束机制尚不健全，数据安全风险等考量也抑制了部门共享数据的动力。

二是政企合作需求对接还不够精细。目前工作城管部门已经拥有较好的算量和算力基础，初步迈入智慧化的门槛，但算法建设仍是一大难点，它极依赖于政企的密切合作。对于基层城管工作者而言，他们存在一些现实的改良需要，但缺乏技术设计能力，对"需要运用何种技术""如何解决问题"所知不多；而技术企业又较少接触实践场景，技术经验未必能够匹配现实需求。仅仅依靠部门本身的业务经验或者开发公司的技术经验，都难以提供好的解决方案。目前政企合作的方式主要是企业推介产品方案、地区政府间经验学习等，扎根于本地、自下而上的需求调研还不够充分，容易导致技术应用与实际场景的脱节问题。

三是运营主体考核评估的全面性有待加强。新城建项目的考核评估主要围绕合约设立的目标、运行绩效对运营主体进行评价。这一定程度上能够反映运营主体的工作情况，为新城建实效提供了底线保障。但尚不足以满足新城建对数据汇聚分析、预测的更高要求。一方面，新城建评估体系应当覆盖运营全过程，从静态定期转向动态监测；评估参与方应当覆盖利益相关各方，从单运营方考评转向社会效益整体测评。另一方面，对新城建的评估不止停留在传统基建的建设绩效上，更应体现其数据辅助决策的价值。评估体系中既要包含日常性数据报告，也需要针对性的数据分析，不断积累经验，推动形成"用数据说话、用数据决策、用数据管理、用数据创新"的新治理模式，实现新城建融合发展。

总结来说，城管领域新城建发展趋势迅猛、成果丰硕，但可持续性、韧性、智慧维度的张力也在不断加强，对整体设计、技术能力和主体协调共建等方面形成了新挑战。城管部门需要结合本土试点经验和外部技术建议，积极寻求新的解决方案，回应其中产生的新问题。

四、他山之石：其他城市的案例经验借鉴

（一）运行管理中枢：融合资源、协同共治——杭、沪、深模式

城市运行管理服务平台是新型城市基础设施的核心内容，实质是数据创新技术在政府管理领域应用的新尝试与新方法，有益于推动城市治理的现代化，实现精细化治理、溯源治理等科学管理理念，对城市的先进管理、科学规划、高效运转等具有重要意义。目前，许多城市已经开始关注城市运行管理中枢的建设问题，并在实践中取得诸多成就，如杭州、上海、深圳等地。

作为全国首批数字化城市管理试点，杭州把握"统""精""通"三字诀，充分利用数据、政策、企业等资源，推进城市运行管理服务平台的建设。"统"字强调集约高效建设，即基于信息化能力，整合多源数据，实现信息共享与交互。依托城市大脑，整合行业监管、综合执法等行动，打造"横向到边、纵向到底"的服务平台。印发《杭州市城管系统信息化项目统一建设规范》，形成项目建设的"统一制服"，实现操作留痕、信息审计、调用监控等，确保运行数据的安全、可靠。通过整合 154 亿条城市运行数据，实现系统互联与数据融合，推进数据开放与信息共享。通过打造"城管数字驾驶舱"，实现污水处理、燃气管理、垃圾处置等实时数据的"一屏展示"，全面反映城市运行状况，提升应急管理能力。"精"字指应用场景建设的深化，重点关注指挥协调、公众服务、行业应用等模块。建立"平战结合"的工作机制，成立市、区两级协同平台，遵循"一级监督、两级指挥、按责处置"原则，管理范围覆盖所有市、区、建制镇，面积达 799.99 平方公里，对 2497 个网格单位实施监管，日均可发现问题 1.5 万余件，问题及时解决率 98.74%。聚焦行业应用，亮

点体现在停车治理、宣传管理、污染管理、垃圾治理、综合执法等方面。例如，杭州率先搭建城市级停车系统，现已接入停车场库 5150 个、停车泊位 145.5 万个，已有 3595 个停车场库、78.8 万个泊位开通"先离场后付费"服务，累计为市民提供服务 1.1 亿次。此外，杭州率先提出户外电子屏"联网、联控、联播"管控的设想，建设电子屏管理的应用平台，实现集约管理、综合治理。"通"字要求管理体制机制的建设，即创新服务机制、建立规范化运行体系。根据"大城管"的相关工作要求，组建城市管理智慧保障中心，负责监督考核、统筹协调以及智慧调度。强调全市贯通，建立城市管理和综合行政执法工作联席会议机制，探索"政府主导＋社会参与"的建设运营模式，鼓励高效、研发机构、企业资本等多元主体的参与。

作为精细化管理的先行城市，上海依托市、区两级信息平台，共享不同等级、不同行业、不同区域的业务、物联、视频及地图等数据资源，遵循"治理要素一张图、互联互通一张网、数据汇聚一个湖、城市大脑一朵云、城运系统一平台、移动应用一门户"的基础规范。城市运营平台赋能网格化治理，通过常态化监督、智慧和协调管理体系，实现"发现—立案—派单—处置—核查—结案"的闭环管理，形成"1＋3＋N"的网格化管理系统。在治理成效方面，该平台已覆盖全市 16 个区，228 个街镇级平台，全年派单流转的案件达 17154 万件，结案率超过 90%。目前，城市管理平台已集成 1500 多万个城市部件、10 万多公里地下管线、1.4 万多个住宅小区以及实时执法车辆、巡逻人员等数据，实现交互共享与动态更新。其中，上海城市运营管理平台的建设亮点在于城市生命体征监测系统。基于 CIM 底座，上海城管部门基于 329 个城市体检指标，聚集实时性、实用性、安全性，进一步提炼面向精细化管理的基础设施、城市环境、城市交通、城市韧性、城市安全等维度的 150 多项城市运行动态指标，通过采集、汇聚、共享指标数据，整合不同类型的实时感知数据，对城市运行动态进行实时评估。在深化应用方面，上海城市运行管理平台开发上线 6 个数据视窗和 20 个智能应用场景，涉及深基坑安全监管、玻璃幕墙安全监管、违法建筑治理、建筑碳排放监管、燃气供应监督等事务。例如，基于"云幕墙"平台，城市管理部门根据楼龄、幕墙结构、环境因素等，进行大数据分析，自动发现玻璃幕墙建筑的潜在隐患。关联农村房屋综合管理信息系统与空间地理信息，通过风险隐患的精确落图和叠加分析，基于算法模型有效预警、防范风险。

过去十年间，深圳努力探索智慧城市的治理路径，坚持"集约化、一体化"的建设方案，持续关注城市运营管理平台的发展。具体而言，现代化城市运营管理的基本框架体现为"1 云 2 平台 N 应用"，即依托政务云资源，搭建对内指挥调度平台和对外公众互动服务平台，打造 N 项有益于提升城市管理效率以及居民获得感的业务应用。城管部门注重五方面能力的提升，即基于物联网识别、视频监控等的城市感知运营能力；基于科学模型、决策流程等的数据分析引用能力；基于平台构建、公众参与等的互动服务能力；基于组织制度、技术水平等的综合指挥调度能力；基于数据监管、过程管理的行业监督能力。目前，城市运营管理平台主要涉及九大应用，如智慧环卫、智慧执法、智慧绿化、智慧养犬、城中村综合治理等。执法方面，通过对全市执法人员、车辆、设备设施、上报案件等执法资源的监管，实现对全市执法资源动态的掌握，对执法人员点对点的指挥调度；养犬方面，将犬只从出生登记、疫苗注射、芯片植入到死亡注销进行动态管理，实现全周期的养犬管理模式。致力于"接诉即办"与公众满意，截至 2021 年年底，城市运行管理平台已接投诉案件 1800 多万宗，每年受理案件数不断递增，从 2012 年 130 余万宗，到 2021 年 400 余万宗，结案率保持在 98% 以上。接下来，深圳将进一步深化城市运营管理平台的相关功能，持续推动 5G、物联网、大数据、区块链、人工智能等前沿技术的应用，通过"共建"等方式强化管理功能，如引入坂田环卫精细化管理系统等。

（二）建筑废弃物：实时监管、回收利用——甬苏路径

建筑废弃物管理是新型城市基础设施实际应用的重点领域之一。工业化、城镇化过程中，建筑垃圾的产生与城市的发展相伴相生。据统计，建筑垃圾占城市垃圾总量的 30% —40% 。建筑垃圾的监管与回收，不仅对城市安全具有关键意义，同时在环境及经济方面也具有重要作用。数字化、智能化技术的发展为建筑废弃物管理提供技术加持，如电子联单、卫星定位、视频监控等。目前，诸多城市已经开始探索新型城市基础设施在建筑废弃物管理方面的应用，如宁波、南京、深圳等。

以数字化创新为突破，宁波成功探索"全程监管、精准服务、高效执法、智慧决策"的建筑废弃物处置路径，突破传统"信息不足、监管

不全、调控不准"的管理困境。基于全过程监管的原则，宁波对建筑废弃物的"源头""运输"以及"终端"进行数字化管理。"源头"与"终端"设置关于运输车辆的视频监控、号牌识别、车货称重检测等技术检测监控设备，并将相关设备介入建筑垃圾管理服务信息平台。同时，要求建筑垃圾道路运输车辆安装符合相应技术规范的卫星定位、自动计重、安全管理监控等车载装置设备并接入建筑垃圾管理服务信息平台；装修垃圾运输单位应当将装修垃圾产生源头、运输时间和资源化利用场所等信息及时在建筑垃圾管理服务信息平台登记。在"运输"方面，监管服务平台运用工地视频设备、号牌识别设备、车货称重检测设备、车载全球定位系统等设备和技术，采集车辆牌照、运土量、运行轨迹等数据，智能分析源头备案、车辆核准、车辆超载、偏离路线、处置场地满溢等信息，实施"两点一线"全程实时监控、闭环监管。

由建设部门主导，南京的建筑废弃物管理由多部门实施共同监管。系统构建上，建筑废弃物管理由 1 个中心、6 个应用子系统组成。其中，"中心"指信息交互中心，涉及建筑废弃物相关的城管、建设、交通、环境等部门；"应用系统"包含信息采集系统、运输监督系统、信息公开与公众参与监督系统、工地监管系统、处置终端系统、数据大屏监管系统等。源头方面，通过整合不同平台的信息数据（"智慧征收"平台的国有土地征收项目、"智慧工地"平台的新建项目等），实现项目来源、备案、现场管理。过程方面，与"智慧渣土综合服务监管"平台数据对接，对渣土车辆的远程状态进行 24 小时实时监控。终端方面，通过车牌自动识别关联、系统智能称重、货物抓拍等，相关数据实时上传监管平台，配合二维码技术，实现建筑废弃物的"安全到站"。南京的建筑废弃物管理是以智慧工地为基础的应用拓展，通过增加建筑垃圾资源化利用监管功能，串联建筑废弃物资源化的全产业链，打破不同部门间的信息藩篱，实现安全、高效、可持续的新型治理模式。

关于建筑废弃物管理，苏州路径更加关注社会资本的参与潜力，即采用 BOT（建设—经营—转让）方式发展建筑废弃物资源化利用设施，由公开招标选择的运输企业负责拆除垃圾转移。流程上，垃圾分类及运输方式由运输企业负责，相关费用由建设单位进行支付，运输及资源化价格由市场竞争决定，运输重量及可能引发污染的风险问题由环卫部门负责，运输线路则由交警确定，通过权责明晰，实现全过程的有序管理。在平台构建上，建筑垃圾智能化监督平台由 1 个中心、3 个基础平台、8 个应用系统组成，即"中心"指信息交互中心，涉及城管、公安等建筑废弃物管理相关部门；"基础平台"包含基础数据库管理平台、基础信息中心平台、系统后台管理平台；"应用系统"体现在资质申报、过程监督、交易管理、考核与执法、公众参与等方面。其中，在线交易平台管理系统在建筑废弃物资源化流程中发挥重要的市场激励作用。该系统包含需求发布、调剂响应模块，前者实现供需双方信息的在线发布，有益于加快资源配置的过程，提升经济效应，后者在需求发布确认后，进行实时调度，提升车辆运输效率、缩短需求相应实践，保证建筑废弃物的及时转移、处置以及再利用。

（三）城市环卫：设施升级、业务优化——深、沪、蓉案例

随着公众环境意识的逐步提升，城市环卫问题逐渐成为社会广泛讨论的热点议题，对城市环卫的涉及群体、覆盖面积、工作效率等提出更高要求。传统管理模式（人盯人、手工台账等）已无法满足现代环卫市场化、一体化的治理需求，亟须引入创新管理理念，以及数字化、智能化的信息技术。目前，诸多城市（如深圳、上海、成都等）已逐步将环卫业务与新型城市基础设施建设进行有机结合，建立相关业务系统以及管理平台，提供了现代化的环卫治理案例。

作为国家经济特区、先行示范区，深圳努力实践现代化城市治理转型，以精细化、科学化、智能化为目标积极探索环卫工作转型路径。深圳较早推行环卫市场化改革，将垃圾分类、清除、处置等过程外包给相关企业，而政府则侧重于监管、监督职能。目前，深圳以 BOT 模式建设 7 座垃圾处理园区，环卫业务涉及超过 60 家的环卫企业、近千个转运站点、约 2417 条市政道路、3761 辆机械化作业车辆，基本实现全市环卫业务的"全覆盖"。在物联监控方面，通过卫星定位、车载视频监控以及作业过程异常抓拍等方式，实现覆盖率智能核算、作业不足主动预警以及道路作业实时掌控。环卫作业人员采用智能工牌进行管理，实现自动签到、异常报警、质量管理等。其中，罗湖区试点"全溯源"管理内容，将垃圾收运桶配置 RFID 电子标签，对垃圾收运车辆进行卫星定位、车载监控、图片抓拍以及 RFID 读写识别，对转运站配置 RFID 远距离读写，对压缩箱配置电子标签与卫星定位，通过上述位置及身份识别，精确记录垃圾的空

间位移以及活动状态，实现可溯源监管。同时，数据的互联治理也有益于识别环卫黑点、记录企业不良行为等，强化监督职能。面对突发状况，相关部门可以通过环卫管理平台及时搜索周边环卫资源，对车辆及人员进行应急调度，提升应急响应能力。

近年来，上海在不同行政区（如黄浦区、崇明区、闵行区等）推行智慧环卫政策，致力于打造全覆盖、高质量、主动式的环卫监管模式。在闵行区，环卫智能监管平台通过屏幕实时反映人员、车辆以及设施的配置、运行情况，形成"源头"到"末端"的全程处置监管。通过摄像头、GPS、车辆跑冒滴漏等装置，对投放行为、运输过程进行监管，及早发现问题、解决问题。此外，环卫智能监管平台还与城运中心"一网统管"系统进行对接，将相关功能、信息、页面等导入运行管理平台，实现多部门的协同关注，有益于应急反应、服务能力的提升。近期，江川路街道正在积极引进智能化的新能源环卫车，旨在基于车辆网、物联网等平台技术以及车辆智能化技术，改善环卫成本、提升环卫效率、降低环卫污染。崇明区关注"智慧环卫"的大数据管理作用，激发"大脑"作用，实现精细化管理。目前，该平台主要侧重于湿垃圾的处置管理，通过智能称重等方式动态监控垃圾分类质量（若湿垃圾质量过低，原因可能是垃圾分类出现问题），克服"干中混湿""湿中混干"导致的处置磨损、效率低下等问题。黄浦区主要采用"全时段＋常态化""人机组合"的监管模式，基于地毯式检查发现的共性问题，积极落实相关环卫企业的整改情况，通过"训屏监控"等信息化手段实现全覆盖、无死角的监督管理。

以公园城市示范区为引领，成都积极推动新发展理念下的环卫事业改革。目前，成都环卫系统提出"一个目标、一个平台、一个体系、三大行动、'三化'建设"的行动指南。其中，"一个平台"强调环卫固废智慧监管服务平台的建设，"'三化'建设"提及设施设备科技化、监管服务智慧化等目标。在源头治理方面，青白江区投入垃圾称重器、智能开盖设备、人机交互屏、AI监管设置、RFID识别电子标签等智慧化设备助力垃圾分类投放；郫都区以"智慧居家馆"项目为抓手，强化公众的科学分类意识，提升垃圾回收的参与率；金牛区则建设分布式厨余垃圾小站，遵循"一户一桶"原则，开启"入户收集、循环利用"的创新试点。在环卫作业中，环卫系统引入智能清扫车"蜗小白"（配备5G通讯、激光定位、智能语音等先进技术）、"坦能"新型扫地车、卡赫燃油式移动吸尘机等先进设备，提升环卫执行效率，提高有效清洁率（对缝隙、死角等进行清扫）。在平台上，加快构建"一云、一库、一心、三体"的骨架，形成设备、应用、数据等"11＋1"体系，对生活垃圾"投、收、运、处"实行全过程智慧监管。同时，深化5G、AI等先进技术在城市环卫中的应用布局，实现在线监测、分析预测、调度指挥的全周期、现代化的治理模式。

四、城市燃气：技术赋能、安全监管——京、深、沪经验

在城市运营中，燃气（易燃易爆性质）引发的风险事故频发，严重威胁公众的财产及生命安全，对传统的燃气管理提出新的要求。目前，城市燃气系统普遍暴露出设备、管线旧化，居民安全意识、防范能力不足等问题。数字经济时代，新型城市基础设施的发展为智慧燃气的转型升级提供支持，"一网智防""数字监管""远程服务"等概念已成为各地推动城市燃气系统发展的重要目标。

北京燃气是最早应用国家北斗精准服务网的市政企业，开创"北斗＋燃气"的应用模式，在管理、应用、研发等过程中积累丰富经验。北京燃气推动"三网融合"，将北斗精准服务网、立体化监测网以及市政管网叠加结合，形成多层次、综合性的数字管控体系。同时，发展多途径（致力于民用化）、全空间（卫星、基站）、产业链式的北斗应用，实现燃气运营的本质安全。在日常管理方面，北京燃气集成改造北斗高精度定位设备及管网运行管理设备，基于软件平台进行准备匹配、深入融合，以克服精度不足导致的定位异常、施工误判等问题，实现粗放式到精准式的运营转变。此外，北京燃气还将北斗系统与应急管理相结合，在应急车辆上加装北斗定位装置，实时掌握车辆位置信息以及运动轨迹，在应急情景中，通过应急指挥终端与手持终端，形成临时现场指挥中心，相关措施有益于减少应急反应时间，降低事故风险与后果。近年来，北京燃气在智能管网的基础上，对燃气前端（气源管理等）、终端（计量管理、服务管理等）进行延伸管理，实现产业升级与模式创新，逐步形成一体化的燃气系统。目前，北斗系统已在各地的燃气事业发展转型中被广泛应用，如上海、无锡、佛山、沈阳等地。

深圳燃气侧重于"5G＋智慧燃气"的建设，用以支持城市公共安全

体系的建设。目前，深圳燃气已将 5G 应用加载于管网端、场站端以及用户端，形成"1＋9＋N"的智慧燃气方案（即 1 个"深燃大脑"，9 个应用场景，N 类数据赋能），打造行业领先的工控网络安全技术以及全国首个城市级燃气数字孪生管网。在管网端、场站端，深圳燃气采用 5G 无人机巡视、5G 机器人、5G 执法记录仪、AI 监控等方式进行燃气管道巡查、监测异常燃气、管理非法施工等工作，实现燃气场站无人化管理等新型模式。在用户端，深圳燃气将安全型智能 5G 燃气表、自研 5G"深燃芯"作为智慧燃气的组成部分，在高带宽、低延时、广连接的 5G 技术赋能下，数据平台实现实时存储、动态交互，使公众能在千里之外掌控燃气的使用现状，也能减轻"上门抄表"等工作负担。

上海燃气长期坚持"X＋1＋X"（气源多渠道、"管理一张网"、销售多元化）的运营模式，在新一代信息技术的赋能下，相关目标正在逐步转向专业化、一体化、智能化。在"智能管网"升级方面，依托北斗高精度定位、管网分布信息、物联感知信息等平台，以初步实现物理设施的数字化、全生命周期管理。作为创新，上海燃气引入压力检测，克服传统胶片射线技术的健康隐患与环境污染，实现远程监测、动态采集。与其他城市相比，上海燃气的关注点集中在数据运营方面。基于新型城市基础设施，依托大数据、云计算、区块链等创新技术，上海燃气探索燃气数据与其他社会、经济数据之间的协同效应，构建相关信息指标，综合反映城市运行、能源保障、民生服务等领域的短期变化与长期规律。目前，上海燃气已基本构建以智能管网、智能调度、智能服务为支撑的智慧燃气体系，未来将引入更多数据采集、传输、分析等新兴技术，以进一步发挥数据运营对燃气以及其他领域的指示作用。

五、广州市新型城市基础设施建设的对策建议

国内外理论研究和建设实践都证明，新城建是一项系统性的复杂工程，涉及全局、影响宽泛，必须做好顶层设计和总体规划。应当对照《关于加快推进广州市新型城市基础设施建设的实施方案》《广州市城市管理和综合执法局"十四五"规划》等系列文件要求，立足自身实际情况、现有基础、发展治理需要，进一步加强顶层设计和总体规划，避免出现各部门、各层级分头建设、标准不一、数据不通等问题。结合广州市目

前在整体设计上的问题，有如下几点建议。

（一）加强顶层设计，实现可持续性保障

一是定期完善规划设计，充分发挥市级统筹力量。结合上级政府建设路线和广州本地实际试点经验，定期审视广州城市管理资源、现存问题和未来发展路径，对新城建项目进行科学、有效、充分的评估和谋划。做好各项数字化工程、新城建工程的衔接工作，基于中观视角确定一个技术可行、行之有效的整合方案。针对具体的新城建项目，设立清晰的建设目标、时间轴和路线图，提升建设的计划性。同时，针对不同地区新城建水平差异较大的问题，市一级城管部门应主动同有关单位统筹布局新型城市基础设施投入，积极平衡各区域的建设水平，以城带乡、缩小数字鸿沟，推进新城建朝着"公平、普惠、可持续"方向发展，提升城市治理整体水平。

二是提高资金投入精度和利用效率，建立长期支出计划。以解决城市管理中群众最关心、最直接、最现实的问题为目标，确定一批专项建设工程，在整体规划中予以专项资金保障。强化全过程预算绩效管理，做好新城建项目各阶段支出情况的统计预测，制定相匹配的资金安排和管理制度安排。充分发挥政府财政资金的杠杆作用，鼓励社会资本参与新城建，形成"政府规范引导、社会积极参与、市场健康运作"的良好格局，提高财政资金使用效益。在财务管理运作方面，逐步建立长期支出计划，对新城建后续运营维护支出做到心中有数。此外，借助新城建政策机遇，积极总结试点建设的成效经验，争取财政投入以及试验任务示范建设等经费投入，拓宽各类资金支持渠道。

三是做好需求预测研究，持续增强城管业务能力。一方面，结合现有实践，自下而上开展需求调研，近距离与基层工作人员沟通，发现和总结工作中的实际困难，评估技术方案的有效性。提高对成本收益分析的重视程度，推进新城建项目前认真收集各方意见，进行更精细的评估和考虑。预见技术引入对传统制度可能产生的冲击，做好协调预案，缓解新技术与旧方法冲突带来的矛盾。另一方面，针对未来变化的新需求，要继续巩固发展数字技术底座，构建面向未来、支持决策的科学技术体系。鼓励承建企业、技术合作方进一步探索人工智能、边缘计算、人机交互等前瞻数字技术，将当下前沿的分析预测技术应用到城市治理的典型场景中。强化技

术攻关和调查研究，高标准制定发展规划。

四是健全完善新城建的组织和激励体系。新城建技术应用的过程中，务实分析转型带来的工作方法变化，修订完善工作指引和岗位手册，为执行人员提供指导。优化组织设置，建立扁平化的组织架构，将技术迭代解放出来的人员力量，整合起来应对新产生的问题。持续监测基层处置队伍工作压力，出现密集派单、负荷过大等特殊情况时，灵活调整处置策略，积极向基层调度力量、提供实质支持。加强对技术应用者的激励，合理利用考评工具，鼓励基层城管工作人员将新技术应用实际处置中。

（二）提高危机应对水平，强化发展韧性

一是加强新城建的标准化建设。遵循统一的技术标准、数据标准和接口标准，优先按照《广州市城市信息模型基础平台技术标准》等已有规范，适配设备设施。对现有的信息化平台，与技术方、广州市各职能部门一同探索制定相关规则，逐步推动数据标准化，妥善解决数据兼容性问题，提高数据的可迁移、可复用比例。鼓励承建企业加大技术投入，结合广州市城市环境和城管部门业务需求，开发可替换、可通用的功能模块，提高模块的针对性和快速反应能力。此外，积极将新技术服务介绍、递送至基层，为基层设施设备建设提供技术支持。给予基层一定的灵活自主性以应对社区治理的复杂性，例如各个街镇、村居的信息采集和数据处理平台可以在全市统一标准下，拓展个性化功能模块以满足不同的事务处理需要。

二是夯实技术人才支撑机制，优化技能培训。新城建需要依靠专业的管理型和技术型人才来建设和运行。一方面，城管部门要重视自主培养专业型人才并建立科学的人才选拔体系。充分对接各类高等院校、技术咨询机构等智库资源，鼓励产学研跨学科深度结合，支持发展"产教融合、以产主导"的技术人才实训培养基地。引入和培养一定规模的政务工程师、算法师、架构师等，将专业技术人才和中坚群体纳入重点人才服务规划中，保障人才待遇。另一方面，在部门内部加强专业培训，盘活现有人才队伍。针对基层城管工作人员，要建立健全新城建相关教育培训制度，丰富在岗培训形式。组织集中学习、个人学习等方式，普及新城建技术应用创新、法律法规等知识，提高整体技术能力和治理服务水平。鼓励市一级技术人才深入基层、扎根一线，手把手培养基层技术骨干，逐步打造一

支高素质、专业化的城管领域新城建队伍。

三是提升应急反应能力，深化应急预案体系建设。在日常工作中重视风险源管理和控制。通过法律法规框架、风险事故学习等方式，总结各类潜在风险源，建立一套风险因素动态管理机制。充分评估当前设施设备风险、信息安全风险等新型风险的发生可能，制定完善保密追责制度、应急响应制度、容灾备份调度等预案。落实应急责任的履行主体，加强风险教育，保证紧急情况下具备分时响应、分区响应、快速处置的能力。其次，对不同种类的风险要有清晰的分级标准和明确的处置重点，根据风险事项分级分类处置，完善基层、中层、顶层风险预案，建立起一个具有层次性、目标清晰、要求一致的应急预案标准体系。

（三）理顺管理体制机制，推动智慧开放共建

要深度结合广州本地经济社会发展、数字城市发展基础，着力在体制机制上打破壁垒，统一步调和建设重点，汇聚部门力量、政企力量，调动各方投入新型城市基础设施建设。

一是加强部门内和部门间联动，完善协调机制。不断加强各业务部门信息化工作的对接联动、深度融合，互促共进。整合城管部门辖下零散的信息平台，重点提升各系统之间的衔接配合能力。主动打通各系统平台的底层数据，提高数据标准化程度，以城市基础信息为核心进行重组利用。清晰划分部门内业务板块和统筹板块的权责边界，使专业业务部门和联系统筹部门两者共同参与新基建项目的决策、设计和执行运营过程。抓好部门间数据共享工作的具体督办落实，促进数据共享的规范化与常态化。强化新城建、科技议题的部门间协作，建立健全新城建协调联动和责任分配机制。建设涉及多部门合作时，明确规定合作的事宜和步骤，落实好牵头单位、联络人责任。在新城建推进过程中逐步克服前期碎片化建设带来的问题，促进实现跨层级、跨地域、跨系统、跨部门、跨业务的数据协同管理。

二是创新政企沟通机制，拓展合作交流方式。以城市管理场景为线索，鼓励企业方利用技术优势、发掘城市管理潜力。通过政府集中采购、开发擂台赛、平行算法应用试验、案例大赛等多元途径，让更多技术团队进入新城建相关领域，拓展新城建供应商的名单。城管部门应当扎根本地实践，引导基层总结工作面临的实际困难，与技术企业进行深度沟通，促

进需求和供应有效匹配。对于现存的新城建项目，政企双方需要制订明确的沟通计划。定期、分阶段地进行需求对话，及时把握项目运营过程中出现的各种问题。同时，政企对接也不限于具体的项目合作，要充分发挥企业敏锐的市场观察优势，帮助城管部门有效把握当前技术的发展趋势。

三是施行科学有效的评估架构。继续健全检查督导和第三方评估机制，跟踪检查指导、分析掌握新城建项目运营情况，适时对重点领域、重点工程和项目开展专题评估，形成年度报告。加强动态监测和跟踪分析，灵活、及时开展评估，推动新城建各项功能落实到位。第二，针对新城建项目涉及的政府职能部门、企事业单位、市场主体、社会公众等利益相关方，广开言路、让各方声音参与评估之中。尽可能全面客观地呈现新城建项目效果，弄清实际情况、实际问题，进而为未来的改进优化提供科学的参考。第三，提高评估中数据分析和预测内容的比重，实现"数据分析—决策支持—行动追踪—成效评价"一体化的目标。借助新城建项目做好各种具体城管场景的知识图谱构建，争取建一个系统平台，积累一次经验，转化一部分成果，稳步前进，最终形成具有广州城市管理特色的技术应用集合，真正优化城市管理和综合服务能力。第四，把握粤港澳大湾区一体化区位优势，加强试点经验交流和转化，健全与大湾区各地的长效合作和学习机制，参考各地评估架构的优秀范例。进一步发挥专家智库作用，提高评估工作的专业化、科学化水平。

参考文献

［1］ADSHEAD D, THACKER S, FULDAUER L I, et al. Delivering on the Sustainable Development Goals through long-term infrastructure planning ［J］. Global environmental change, 2019, 59 (64): 101975.

［2］NIEMETS K, KRAVCHENKO K, KANDYBA Y, et al. World cities in terms of the sustainable development concept ［J］. Geography and sustainability, 2021, 2 (4): 304 – 311.

［3］XUE B, LIU B, SUN T. What matters in achieving infrastructure sustainability through project management practices: A preliminary study of critical factors ［J］. Sustainability, 2018, 10 (12): 21 – 44.

［4］WEI J, QIAN J, TAO Y, et al. Evaluating spatial priority of urban green infrastructure for urban sustainability in areas of rapid urbanization: A case study of Pukou in China [J]. Sustainability, 2018, 10 (2): 3 – 27.

[5] HOLLING C S. Resilience and stability of ecological systems [J]. Annual review of ecology and systematics, 1973, 4 (1): 1 – 23.

[6] MEEROW S, NEWELL J P, STULTS M. Defining urban resilience: A review [J]. Landscape and urban planning, 2016 (3): 83 – 97.

[7] DAVIDSON J L, JACOBSON C, LYTH A, et al. Interrogating resilience: Toward a typology to improve its operationalization [J]. Ecology and society, 2016, 21 (2): 80 – 95.

[8] 赵瑞东，方创琳，刘海猛. 城市韧性研究进展与展望 [J]. 地理科学进展, 2020, 39 (10): 1717 – 1731.

[9] LU H, LU X, JIAO L, et al. Evaluating urban agglomeration resilience to disaster in the Yangtze Delta city group in China [J]. Sustainable cities and society, 2022 (4): 76 – 103.

[10] TURA N, OJANEN V. Sustainability-Oriented innovations in smart cities: A systematic review and emerging themes [J]. Cities, 2022 (4): 67 – 79.

[11] 郭昊，商容轩，米加宁. 智慧城市：理论缘起、进展与未来方向：基于文献挖掘的发现 [J]. 电子政务, 2022 (4): 1 – 11.

[12] ZHU H, SHEN L, REN Y. How can smart city shape a happier life? The mechanism for developing a Happiness Driven Smart city [J]. sustainable cities and society, 2022 (10): 106 – 120.

[13] 陈潭. 大数据驱动社会治理的创新转向 [J]. 行政论坛, 2016, 23 (6): 1 – 5.

第 **3** 部分

第四届城市管理案例创新大赛优秀作品

近年来，随着信息技术的迅猛发展，社区治理正逐步向数智化转型。数智化技术不仅提升了居民参与度、增强了社区凝聚力，还优化了决策过程。在政府、企业和居民的协同努力下，镇街、村居在提升社区治理效率、增强居民满意度及促进社区可持续发展方面取得了显著成效。需要指出的是，未来的社区治理需要在确保技术安全和伦理的前提下，进一步深化数智化应用，实现社区治理的持续创新和优化。不仅有助于提升治理效率，还能增强居民的幸福感和社区的整体凝聚力，从而实现真正意义上的善治。

从"看见"到"行动"：
智慧环卫的"城中村"实践

——基于 A 市 D 村的观察

杨 芳　姚屹青　沈慧萱　杜芷琪　文熙然　庄 琪　陈闽馨
（广州大学公共管理学院）

摘要：D 村作为一个城中村，是 A 市实施服务治理的试点单位之一。由于村内自建的宅基地房屋多，房屋的密度较大，房屋间距狭窄、小巷较多，村内人口密集且流动性强、D 村的环境卫生状况较差。为改善村内环境，2021 年该村通过招标方式引入 X 企业开展智慧环卫服务。通过四个月的访谈发现，智慧环卫的引入实现了治理的可视化，让问题被"看见"，但由于村内垃圾房的设置、垃圾巴士安排不合理以及线下服务不到位等因素，居民参与"行动"不足，商贩随意倾倒厨余垃圾以及有些工厂偷倒工业垃圾等问题突出，村内垃圾分类和环境卫生的改善不尽人意。为此，相关政府部门、村两委以及提供服务的企业方不断尝试新举措，推行"栋长制"等，试图盘活 D 村各类资源，建设真正智慧化的环卫作业流程，让居民积极行动起来，共同打造良好的生活环境。

关键词：智慧环卫；城中村；行动

城镇化快速推进过程中，城市空间急剧扩张而形成的在城市中保留着完整建制的城中村[1]，其治理一直是城市管理的难题。D 村是较为典型的城中村，其老旧房屋多而密集、常住人口数量大，流动性强、整体设施陈旧，居住环境恶劣。在无法对村进行大拆大建的情况下，D 村村两委开始探索城中村有机更新的新路子[2]。为改善村内的环境卫生状况，村两委牵头打造了"环卫行业首个村级亿元项目"，在前期投入了大量人力、物力、财力，建立了智慧监控平台，但村内环境卫生治理却没有达到预期效果。智慧监控系统使治理"可视化"，面对"看得见"的工业垃圾与厨余垃圾混投、建筑垃圾偷倒及居民随地乱丢垃圾等问题，却难以动员大家积极参与环境治理行动。究其原因，主要是利益博弈失衡、沟通缺乏等因素的影响。因此，打造利益均衡的行动共同体并建立完整的服务体系才是解决问题的最终之道。

《中共中央关于制定国民经济和社会发展第十四个五年规划和二〇三五年远景目标的建议》明确指出，将"加强和创新社会治理"作为全面建设社会主义现代化强国的目标之一。在此大背景下，A 市着力提升城市治理能力和水平，坚持"人民城市人民建、人民城市为人民"理念，以"绣花功夫"提升城市功能品质，提升人民生活的幸福感，走出一条符合中国特色的超大城市治理新路子。因此，A 市选出 18 个试点镇街实施全区域、全周期、全要素的服务治理模式，鼓励政府将行政管理和行政执法以外的服务性、事务性工作委托给第三方服务企业，让企业承担城市"大管家"的角色，让治理更高效、便捷、充满活力。

D 村作为试点单位之一，面积 2.3 平方公里，辖内设有四个经济合作社。村内户籍人口约 4530 人，约 1376 户，流动人口约 50000 人。自 2003 年起，D 村实行股份固化制，目前拥有 3259 名股东。居民主要居住在自建的宅基地房屋内，房屋密度较大，形成了典型的城中村格局。外来人员多居住在村民出租的房屋中，村内自建房紧密排列，形成了成片的"握手楼"，楼房间距狭窄，背街小巷纵横交错，人口密集。自 2019 年起，A 市开始全面推行安排垃圾巴士定时定点收垃圾，居民定时定点投放垃圾，并撤掉非投放点设置的垃圾桶之后，D 村由于其城中村特性，村内楼间距较窄，打扫环境极不方便且村内居民大多为租户，人口的流动性大，再加上村内设置的垃圾房数量少且位置偏，垃圾巴士的运作时间及次数有限，定时定点投放垃圾对大部分居民来说非常不便，他们很难养成定时定点投放垃圾并且做好垃圾分类的习惯。他们为了方便，甚至会将垃圾随意丢到绿化带里及其他公共场所中。与此同时，D 村中夜间商贩随意倾倒厨余垃圾、村内工业垃圾偷倒现象频发，导致了村内环境卫生打扫难度大、环卫人员数量不足等问题。传统的环卫模式很难适应新形势的需要，维护村内的环境卫生、共创和谐美好的村内生活环境成为一个棘手问题。为了维护村内的环境卫生，D 村村两委在 2021 年以来积极进行村级智慧环卫建设，通过一体化服务项目的公开招标，正式引入 X 企业进驻，负责环卫项目和环境治理，试图通过 X 企业数字化、智能化的方式更加高效地解决环境问题，营造良好的村内卫生环境，提升居民幸福感。

一、"看得到的问题"与"看不到的行动"背后的逻辑

（一）利益矛盾突出，行动动力不足

在 D 村环境卫生治理过程中，政府积极推动高效合作，将任务委托给村两委和企业，以实现资源的优化配置和提升治理效果。企业则从"理性经济人"角度，按照合同内容进行治理，以实现利益的最大化。居民则为了节约时间、追求方便快捷而不遵守垃圾投放条例，随意投放垃圾。各方都会在自身利益的驱动下选择利己行为，从而衍生出相互博弈的现象，导致治理陷入困境[3]。

在 D 村环境卫生治理过程中，各相关利益主体间存在利益矛盾。首先，政府和服务外包企业因"信息不共享"而产生的利益矛盾，政府认为企业项目做得不够多，但企业为追求效率，有时在工作过程中的行为与政府的理念相悖。其次，村两委和服务外包企业因"权责规定不明确"而产生矛盾，村两委认为某领域归企业管理，企业却以合同未写为由拒绝管理，导致某些领域的监管存在空缺。此外，居民和服务外包企业因"时间地点错位"而产生矛盾。被访谈的企业负责人说："居民就是图方便，在找不到垃圾桶时，他们顺路就把垃圾随意丢了，我们的环卫工人清理起来很困难。"（GHQ02）

在环境卫生治理中产生的利益博弈实际是一种负和博弈，在各方利益无法兼顾的条件下，会导致各主体缺乏行动的动力，互相推诿责任，造成"行动之难"。服务外包企业不作为、政府责任下压、村两委无从下手、居民应付了事，多方责任的推诿，不利于城中村环境卫生治理工作的高效推进（图 3 −1）。

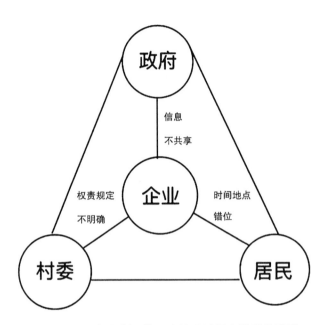

图3-1 A市D村环境卫生治理过程中的利益矛盾

（二）有效沟通缺乏，难以达成行动机制

A市D村在"智慧环卫"系统的帮助下能监控村内环境卫生治理情况，但是由于该系统刚建不久，政府、村两委、企业三者间不能进行良好的配合以及高效的联动，出现了责任不清、缺位失位的现象。造成这一现象的原因是政府、村两委、企业三者间缺乏有效的沟通，以至于难以形成协调一致的行动。

首先，在与政府沟通过程中，村两委是信息以及压力的被动接收者[4]。在治理的过程中，政府出台不适应D村要求的政策，村委会感受到巨大的压力后，执行力不够、垂直回应性差[5]，只考虑按照政府规定完成任务[5]。"在基层管理方面，虽然任务主要由上级推动，但D村村两委展现了出色的自主解决能力。在依法依规的前提下，村两委积极探索创新方法，努力完成各项任务。"（GHC01）这也为未来加强政府与村两委之间的沟通与合作提供了良好的契机。其次，企业与政府在问题反馈机制上存在断裂。特别是在企业报备安装涉及公众个人信息的设备或申请"环卫"基础设施建设时，政府常常未能及时处理，甚至出现角色缺失的情况。此外，村两委与企业对"环卫"目标的认识上产生了分歧。企业希望将与 D 村治理相关的所有措施同步推进，而村两委则主张优先解决"环卫"问题，以便向政府提供正向反馈。然而，由于三方缺乏有效沟通，导致各方对自身责任的认识不清，难以形成协调一致的行动机制。

（三）公众响应不足，惰性心理阻碍行动

居民参与是指居民个体参与社区公共事务决策与管理的过程和行为[6]。只有在不同主体共同影响政策的制定时，才能提高参与者的积极性，提高治理效率[7]。虽然 D 村安装了可实时监控垃圾投放情况的"智慧环卫"系统，但居民将垃圾投掷到住宅楼下、街上随手丢弃垃圾等事件频发。垃圾分类得不到公众的响应，究其原因是其惰性心理作祟。

"垃圾分类巴士是间隔 20 分钟一趟的，一辆巴士走一趟大概要一个小时四十分钟左右。在一个小时四十分钟的间隔时间里，不可能让居民等着垃圾巴士来了再丢垃圾，居民不会等的，他们只会图方便。"（GHQ02）这也反映出垃圾巴士在设计中缺乏对居民意见的收集。D 村在制定具体垃圾治理措施时，忽略了居民的特殊需求，如希望丢垃圾路程缩短等，使得居民对 D 村垃圾治理措施存在较大不满，进而产生惰性心理、作出违反垃圾治理措施的行为，导致治理无法达到预期。

由此，这些未能全面考虑居民实际需求而制定出的治理措施，无法在实际治理过程中得到民众的积极响应，未从利民角度出发、充分发挥居民参与的力量，反而任由居民的惰性心理产生负面治理效应。

（四）"以罚代管"，消极心理影响行动的持续性

D 村在通过智慧环卫系统看见问题后，主要依靠"处罚""扣罚""通报"等手段制约各违规群体。D 村一直未解决垃圾堆放和乱扔问题，其中一个重要原因是治理逻辑存在偏差。

在治理过程中，政府和村两委过于依赖惩罚手段，强迫外包企业在硬性规定下调整治理模式，而忽视了 D 村的实际治理条件。"D 村投放点数量不足是一个模式上的问题，政府虽缺乏具体解决方案，但部分规定却较为强势。"（GHQ01）"村两委指出，尽管未按政府要求撤桶，但在 D 村这样的大范围内，撤桶后居民将面临无处投放垃圾的问题，可能导致垃圾乱丢现象。"（GHQ02）再深究城中村深夜偷倒工业垃圾、建筑垃圾的现象，

也不难发现村两委以及企业在处理工业以及建筑垃圾方面责任缺失。虽然通过严格的管制与严厉的处罚也可以起到减少偷倒现象发生的效果，但在服务不健全的情况下，管制与处罚只会激起更多怨气。

"以罚代管"的强硬手段，虽在短时间内能促使各方主体加以整治，但长此以往，不仅会加重被罚主体的经济负担、心理压力，还会使其产生"已经被罚了，懒得再做出整改"的消极心理，影响其行动的持续性，不利于构建和谐的治理关系。

二、智慧环卫的介入：环境治理的可视化

"智治"是"物业城市"模式的重要特征和科技支撑。作为 A 市 B 区首个村级全域化综合治理平台（图 3－2），经过一年多大量的前期投入和建设，D 村目前安装有智慧监控视频 1500 个，布满村内的大街小巷；智慧灯杆 150 盏，灯杆具备 LED 宣传显示屏、环境监测、语音播报、无线 Wi-Fi、自动充电等功能；利用 2 个鹰眼，可以实现对周边 5 公里范围的 360 度全方位监控。企业的工作人员主要由 75 名线下环卫工人和 15 名线上视频巡查员组成。

图 3－2　D 村智慧环卫管理平台指挥中心

D 村的智慧环卫运行模式主要有以下两种：第一，配发环卫工人电子

工牌，电子工牌具有远程考勤、实时定位、轨迹回放、电子围栏、语音播报、一键求救等功能。环卫工人佩戴电子工牌后，可以自动接收附近区域垃圾落地报警事件，通过电子工牌的语音播报垃圾落地、垃圾满溢等事件的详细地址，要求环卫工人十分钟内到达报警地点处理，提高环卫保洁的工作效率。同时，线上巡查员可以通过系统后台查询佩戴电子工牌的环卫工人的实时位置和作业轨迹，并进行轨迹分析，以便在发现作业区域分散或密集时，及时进行调度优化。第二，D村四个经济社分别设一位区域负责人，数字网格巡查员每日通过实时监控巡查村内卫生保洁情况，发现垃圾落地和垃圾满溢现象立刻捕捉现场图片并通知区域负责人，区域负责人分派附近的保洁人员前去处理，并在2小时内传回已处理事件的现场图片，网格巡查员也可以实时监控保洁作业情况，每日统计事件2小时内的整改率以及总整改率。企业进驻后通过全域智能运营系统以及一系列智能设备，在人员及业务线条间建立了联动机制，以"发现—报事—协调—监督—记录—考评"的闭环运行解决治理难题，提升管理效率。

三、线下的困境：行动之难

在智慧化管理模式下，环卫工人处理垃圾落地等事件的工作效率和及时率明显提高，但在2022年7月的街道卫生检查评比中，D村依旧暴露出许多问题，甚至排名居于靠后位置。在村两委和企业投入上千万建设智慧化设备之后，为什么还是"地都扫不干净"？

第一个暴露的问题是智能化无法解决的"撤桶危机"。D村辖内设有4个经济合作社（一社、二社、五社、六社），但只有一社和五社建有垃圾分类房，撤桶规定实施后，城中村内少了大量垃圾桶，不在垃圾分类房附近居住的居民，如果按照定时定点在垃圾分类房投放垃圾，需要走一两公里。村内大多数居民为外来务工的上班族，通勤时间紧张，而垃圾分类房数量少且位置偏远，极大地影响了他们投放生活垃圾的便利性。久而久之，许多居民开始将垃圾弃置于。分类房前、巷口和巷道中（图3-3）。

居民倾向于图方便，往往在上班途中选择就近丢弃垃圾。对于这一行为，环卫工人面临诸多挑战。首先，他们无权执法阻止居民随意丢弃垃圾；其次，当垃圾分类房距离较远时，很难要求居民绕远路前往投放。因此，如何在方便居民的同时有效管理垃圾投放成为急待解决的问题。

（GHQ02）

一方面，居民已习惯于随时随地丢弃垃圾；另一方面，保洁工人的个人能力有限，尽管他们频繁巡回清理，但刚走开不久就又有居民堆放垃圾。通过线上监控可以看到，保洁工人始终在循环式地进行垃圾收集，做到走到哪里清理到哪里。（GHQ02）

图3-3　D村垃圾分类房前曾存在垃圾满溢问题

原本村委对于企业的"线上＋线下"结合的环卫作业方式十分认可，企业自身也信心十足，实践也证明这种方式确比传统的环卫作业效率要高，专业程度也更高。但实际上，除环卫工日常的打扫外，每天线上网格巡查群内能够达到发布100多条垃圾落地或垃圾满溢的事件图（图3-4），并且都在2小时内处理并上传处理图片的情况下，实际现场卫生状况仍旧不理想，甚至在多次在区政府和街道卫生大检查活动中排名靠后。

第二个暴露出的问题是D村智慧环卫的特色之一的垃圾分类巴士设置不合理。垃圾分类巴士顾名思义就是像公交车一样在村内设置站点，有路牌，分类车在每个站点停留30分钟，其余时间循环在村内行驶。如果居民需要投放垃圾，既可以去巴士停靠时间在去巴士站投放，也可以在路上遇到分类巴士时像公交一样招手即停，及时投放。分类巴士配有洗手池和消毒液，居民在投放垃圾之后还可以马上洗手，解决了部分居民长时间

2	日期：	2022.11.7		视频员：		上项时间：	14：00-21：00			
3	区域	负责人	发出图片（张）	已整改图片（张）	整改率（%）	备注				
4	环境卫生问题	一二社	房	4	1	25%	（3）张垃圾落地 （0）张垃圾落地 （0）张垃圾落地	方（0）张垃圾落地 （1）张垃圾落地 （0）张垃圾落地		
5		五社	张	9		44%	（6张垃圾落地(0）张垃圾满溢 （6张垃圾落地 （1）张垃圾满溢			
6		六社	曾	7		71%	（5）张垃圾落地 （0）张垃圾满溢	（2）张垃圾落地		
7		封控区域			6	86%	（0）张垃圾落地 （0）张垃圾满溢 （1）张垃圾落地 （0）张垃圾满溢			
8		合计		27	16	59%				
9	备注：疫情期间利用线上视频监控巡查共计发现环境卫生问题27处（垃圾满溢3处，垃圾暴露24处），其中管封控区问题7处（垃圾落地6处，垃圾满溢1处），30分钟之内整改率33%。									
11	乱扔垃圾视频调取	区域	居民乱扔垃圾	工业垃圾乱扔	餐厨垃圾乱扔					
13	系统功能	显示大屏	都市品格鹰眼龙桥鹰眼	云山居、黄埔	井盖系统	另美房对讲	智慧城市管理平台			
14		正常	龙桥鹰眼卡顿	无法登录	正常	打不开网页				
15		门前三包	口罩检测	垃圾落地	垃圾满溢	机动车乱停	非机动车乱停放			
16		正常	正常	正常	正常	正常	正常			
17	社会治安类	单位或部门	姓名	视频案件查看（件）	视频拷贝（件）	合计	备注			

图3-4 D村服务企业日常运营线上工作日报

提着垃圾到处找垃圾桶的困扰。分类巴士作为一个新推广的环卫作业方式，从外观上看比传统垃圾桶更美观，且分类巴士可以在社区内流动，可以说是一个便民的新工具。（图3-5）

图3-5 D村垃圾分类巴士站牌和实物

　　D村面临的主要问题是分类巴士数量不足，无法满足居民的垃圾投放需求。调研显示，D 村共有 6 台分类巴士，运营 4 条线路，每趟间隔 20 分钟，1 台巴士完成全村站点的运行需约 1 小时 40 分钟。因此，巴士点无法始终有车停靠，导致居民在上班途中路过垃圾巴士站台时，看不到巴士便不会原地等待。由于大多数居民习惯顺路丢弃垃圾，他们倾向于将垃圾置于站牌前，认为巴士到来时自然会收走，因而不认为这是随地丢弃。结果，巴士站点长期出现垃圾堆积现象。

D 村设定了 4 条线，一个社一条线，每条线路覆盖约 10 个停靠点，分类巴士以这种巡回模式运行。在这种模式下，巴士是流动的，也导致了居民在站牌前随意投放垃圾。（GHQ01）

第三个暴露的问题是垃圾的混投和偷倒问题。一是 D 村即将开通地铁，作为一个 90% 收入源自物业收租的城中村，修建地铁有利于今后村民房屋出租价格的提升，因此，村内许多房东都在加急翻新和装修出租屋，准备赶在地铁开通前，把自己的房屋租赁价格再提高一个层次，增加收入。因此，每日村内产生了很多建筑垃圾，有些居民会自觉将建筑垃圾及时清理，但也有屋主不按规定及时清理垃圾，导致许多路面都长期堆积着建筑垃圾，对于村内环境治理造成了一定的困扰。二是 D 村一部分区域是工业园区，长期租赁给相关行业商户，他们设有工厂、修理厂等，每天产生很多工业垃圾。关键问题是，目前承接 D 村环卫的企业在签订合同时，工业垃圾收运不属于企业处理的范围。因此清运工业垃圾的责任就落到各工业园里的企业自己身上，各自清运自家产生的工业固废。很多企业为了省清运垃圾的费用，经常在凌晨偷用大货车把工业垃圾倒入生活区的垃圾桶内造成混投，或者直接大量投放到垃圾桶旁边。这样一来村内的垃圾分类更加难做，并且增加了许多额外的工作量。由此，村内环卫方与工业园区的企业经常产生冲突矛盾，企业对此有怨言。三是 D 村存在已久的夜市造成的厨余垃圾混投进生活垃圾的问题。D 村内的大小临街饭店，均登记在册，为了做好垃圾分类处理，商铺不能自行投放厨余垃圾，每日由环卫方上门专收厨余垃圾，中午一次晚上一次，这种模式运行一直效果较好，商户也觉得比较方便一直很配合。但是 D 村每晚的夜市垃圾清理成为问题。村内的环卫保洁人员每天下午 6 点半下班，而村内晚上 11 点后就陆续有很多小商贩在村里摆摊卖宵夜，夜市和宵夜档一般持续到凌晨 2 点，这个时间段既缺乏监管，也缺乏人员及时打扫，产生的大量厨余垃圾一般就会被商贩投放到生活垃圾桶内，一直堆积到早晨环卫工人上班。而且夜市附近的卫生状况及其堪忧，现场脏乱差，环卫工人一来就面临要打扫和收运大量的堆积垃圾，大量的厨余垃圾混着生活垃圾的投放方式，再次导致垃圾分类困难。

由于上述问题的存在，D 村的整体环卫工作面临挑战，导致卫生死角多、清理难度大，在街道卫生大检查中连续三次排名靠后。对此，村两委感到十分困扰，认为 X 企业未能履行合同中的保洁标准，因此对企业开具罚单，要求缴纳罚金。这一举措也引发了企业的不满。

四、突破的尝试：打造"看见"与"行动"一致的村治共同体

面对 D 村持续的环境卫生问题及各方矛盾，企业和村两委并未坐视不理，而是积极尝试新措施以缓解压力。对于工业园区频繁发生的垃圾偷倒行为，村两委坚定支持环卫企业，村内治保会积极协助，严密监管工业垃圾偷倒现象。一旦发现，通过视频监控锁定责任人，并采取惩罚措施。被发现偷倒的企业需承包园区当日所有的工业垃圾，上门收取并清运。尽管治保会投入了大量精力和时间进行监督和处理，但仍有个别企业顶风作案，这在村两委的处罚过程中时常引发冲突和不配合。

为有效管理建筑垃圾，我们规定必须将其围蔽，并尽量做到当天产生当天清理。尽管部分村民未能按时清理，但我们会在通知后第二天协助清理，并由责任人承担相关费用。若无法直接收取费用，我们会从村民股份中扣除。过去，在建房时曾收取 5 万元押金，这一措施促使村民更加守规。然而，现今政府要求各项工作不得额外向村民收费，这虽增加了管理难度，但也激励我们探索更加创新和有效的管理方法。（GHC01）

自 2019 年撤走垃圾桶后，D 村居民逐渐形成了随手丢弃垃圾的习惯，导致居民区垃圾死角增多，清理难度加大。为应对这一挑战，市政所专门成立了一个工作小组，定期在 D 村巡逻检查，及时将问题反馈至工作群，并直接对接企业，督促负责人处理并反馈，以此提升企业的保洁效果。尽管初期效果有限，相关部门仍积极推动进一步改进，建立了一个新的工作群，要求企业每日在基本打扫之外，自查每个经济社的 20 条问题，并记录和反馈问题图片。企业在此基础上，不仅处理线上网格员巡查的问题，还主动响应市政反馈，尽管这增加了工作量，但也促进了更全面的管理。

通过持续的协调与沟通，各方努力在提高保洁标准的过程中不断优化流程。

D 村在试点网格 Y 区域推行"栋长制"，该区域房屋规整、绿化覆盖率高，是推行新措施的理想场所。在"栋长制"下，每栋楼选派一位栋长负责整栋楼的卫生管理，每月收取 120 元服务费。由于外部无法随意设置垃圾桶，楼栋内一楼大厅设有简易分类点，居民可以下楼即投放垃圾，或选择将垃圾放在门口，由环卫工每日两次上门回收。村两委和企业期待通过"栋长制"从源头遏制垃圾乱丢现象。尽管合同签订过程遇到挑战，村两委与企业积极沟通，推动房东与企业签订服务合同。虽然服务费由房东缴纳，但最终由租客承担，这在一定程度上增加了房东的沟通压力。然而，在村两委的积极协调和指导下，Y 网格的所有房东最终同意并签订了合同。考虑到 Y 网格在环境管理方面的领先地位，这一新措施的实施为村内其他区域提供了宝贵的经验，尽管全村范围内推广"栋长制"仍需克服一定的困难。

尽管 D 村在环境治理方面付出了诸多努力，但由于多方主体间长期存在利益矛盾、行动动力不足和沟通不畅的问题，导致卫生治理陷入困境。要从根本上改善各自为政或明哲保身的现状，就需要各方在环境治理过程中开展诚意沟通、公开工作难题、改进建议和期望得到的协助，化解利益矛盾，共同商讨解决方案，达成一致目标。只有这样，才能真正形成政府主导、村委、企业和居民共同参与的治理合作共同体，为 D 村的环境卫生治理创造良性条件。

（一）平衡各方利益，实现行动者共赢

A 市 D 村多元主体利益不均衡引发利益的博弈，从而导致其卫生治理困境无法突破。平衡各方利益，有利于化解利益矛盾，调动居民、企业等相关利益主体参与卫生治理工作的积极性，从而使各主体在城中村卫生治理的实践中实现共赢。

为实现各方利益平衡，需要构建合理的利益协调机制。首先，要构建多方主体的利益表达与协商平台。村两委作为 A 市 D 村中利益矛盾的主要调解人，应积极为各利益主体打造利益表达与协商平台，在通过平台表达自身利益的同时，引导其他相关利益主体理性表达利益诉求，以求通过表达与协调缓解利益冲突。其次，要在共同协商中实现多主体的利益共

赢。村两委要尽可能保持价值中立，兼顾多方利益主体的利益诉求，在共同协商中寻求多个实现利益相对平衡的解决方案，并让各利益主体参与方案的选择，以寻找"满意解"，最终通过城中村的规章制度将协商结果贯彻落实，实现行动者共赢。最后，要发挥政府在卫生治理过程中的关键性作用。政府作为 A 市 D 村卫生治理中的其中一个利益主体，在关注自身利益的同时，需理性兼顾村两委、企业等其他主体的利益，支持并协助村两委搭建利益表达与协商平台。

（二）动员公众参与，实现共同行动

多元主体协同治理是一种以多元主体治理与协同治理为立足点，努力探寻治理各主体间的协调与合作路径，希望能够架构起一种解决公共问题的高度弹性化机制。在中国语境下，多元主体协同治理是在中国共产党领导下实现政府治理、公民主体、社会自治有机统一的综合治理过程，形成多元共治的"善治"格局[8]。在 D 村的环境卫生治理中，要发挥居民主体的作用，动员居民广泛且积极地参与到整个治理过程中，实现村委、企业、居民的协同治理，达成环境卫生治理的"善治"目标。

为实现此目标，需要从以下两方面入手：首先，要完善居民反映问题与需求的渠道，为居民在村内实行"民主决策、民主管理、民主监督"提供自主空间。例如，在信息传递与听取民意方面，外包企业可以利用智能化手段，为居民创造一个有效收取信息、及时反馈问题的平台，并与政府、村两委共享所得信息。其次，要加大卫生治理宣传，打造村两委主导、企业协同，村两委带动居民、居民带动租户（D 村的居民包含本地居民与外来租户）的宣传模式，增强居民的垃圾处理意识，以提高居民在实际行动上对于卫生治理措施的支持（图 3 - 6）。

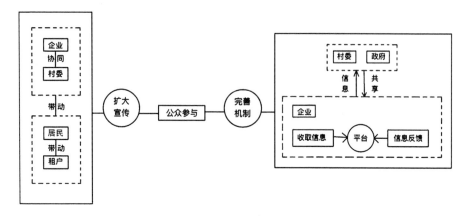

图3-6 A市D村动员公众参与模式

（三）建立长效沟通机制，实现协同行动

长效沟通机制的建立能够缩小政府、村两委、企业间的隔阂，减少分歧，增进彼此间的理解，实现三者间的高效联动。否则，三者间如果缺乏有效的沟通，会挤压矛盾，出现互相埋怨的现象。以A市D村为例，为实现协同的行动，需要建立一种长效沟通的机制。首先，政府与村两委之间要建立专门的信息交流渠道。通过该渠道，不仅政府能够向基层传达政策，而且村两委能够向上汇报D村的基本情况，从而在一定程度上破解村两委在沟通中处于被动地位的难题，加强政府对D村具体情况的把握，增进彼此间的理解，使双方能够进行长效的沟通。其次，政府与企业之间需要以村两委为桥梁建立一种问题反馈机制。村两委作为桥梁，将企业遇到的且村两委无法解决的问题反馈给政府，并且对问题后续的处理进行跟踪，防止问题反馈机制出现断裂，发挥村两委在二者间的协调功能，构建相互间的和谐关系。最后，村两委与企业之间需要定期开展以问题为导向的会议进行商量。在会议过程中，村两委与企业交流确认双方的目标一致并将D村环境治理过程中遇到的问题根据其性质归类。企业、村委会合作能解决的问题由双方合作来解决，无法解决的事情再反馈给政府。在必要时，政府也需要参与到会议中，增进对D村环卫工作执行的了解，并对环卫工作的后续开展提出建议。

（四）以服务代替管理，实现积极行动

近年来，政府改革的方向是从"管理型"政府向"服务型"政府转变。服务型政府强调以公民和社会为本，通过法定程序在社会民主秩序框架内组建，宗旨是"为公民服务"，并承担相应的服务责任[9]。其理念注重"轻管理重服务""少强制多合作""轻利益重责任"，旨在优化公共服务，实现为人民服务的宗旨。在城中村环境卫生治理中，优化治理模式也需运用服务型政府的改革理论，将治理逻辑从"以罚代管"转变为"以服代管"，以更好地满足居民需求和提升治理效果。

在 D 村的环境卫生治理中，要运用"以服务代替管理"的治理逻辑，积极更新、优化及完善服务项目，提高垃圾回收服务的质量。首先，政府要继续落实好职能转变，以服代管，实现从"事前轻服务，事后抓管理"的一手抓到"事前抓服务，事后抓管理"的两手抓转变。其次，村两委和企业要树立服务精神，明确目标与职责，将卫生治理的最终目标回归到为居民提供更优美舒适的居住环境上。最后，要针对有特许需求的群体提供特殊服务，如在夜间设置专门的工业垃圾以及建筑垃圾投放桶、引入专门进行工业垃圾以及建筑垃圾回收与处理的服务企业等，为居民、施工方提供更优质便捷的垃圾回收服务，从根本上抑制工业、建筑垃圾偷倒现象的发生。

为提升 D 村的环境状况，企业、村两委和政府部门等相关主体都积极努力，尝试通过多种方式改善村内环境。城中村由于人员结构复杂、流动性大，监管和执行的难度较大。然而，各治理主体不断进行改革与创新，以期更好地应对这些挑战。为了实现更有效的治理，未来的努力将更加关注政策执行的最大目标群体——租客的感受与意见。在基层治理，尤其是城中村治理中，需要超越单纯的上传下达模式，深入考虑城中村与其他社区的差异性，以及城中村独特的基础设施、居民性质和传统习惯等因素，以实现更具包容性和有效性的治理方案。

参考文献

[1] 任志华. 城中村改造 PPP 项目风险管理机制研究 [J]. 建筑经济，2021（3）：64-69.

［2］缪春胜，覃文超，水浩然. 从大拆大建走向有机更新，引导城中村发展模式转型：以《深圳市城中村（旧村）综合整治总体规划（2019—2025）》编制为例［J］. 规划师，2021（11）：55 - 62.

［3］卢青青. 过渡型城中村的矛盾内部化与治理困境［J］. 江汉学术，2020（3）：33 - 41.

［4］魏姝，吴少微，杜泽. 地方政府条块回应性差异及其形成机制：政务公开领域的嵌入式案例研究［J］. 公共行政评论，2022（4）：75 - 97，197.

［5］郑晓茹，刘中起. 城市社区治理中权力秩序的重构：文件治理何以可为？［J］. 内蒙古社会科学，2017（5）：30 - 41.

［6］任燕，任育瑶. 单位老旧小区治理中居民有效参与的困境与出路［J］. 西安财经大学学报，2022（4）：95 - 107.

［7］李少惠，王婷. 多元主体参与公共文化服务的行动逻辑和行为策略：基于创建国家公共文化服务体系示范区的政策执行考察［J］. 上海行政学院学报，2018（5）：61 - 69.

［8］于江，魏崇辉. 多元主体协同治理：国家治理现代化之逻辑理路［J］. 求实，2015（4）：63 - 69.

［9］刘熙瑞. 服务型政府：经济全球化背景下中国政府改革的目标选择［J］. 中国行政管理，2002（7）：5 - 7.

"智"同道合：数智化赋能社区治理新模式

——以广州市 C 街道为例

王妙妙　杜颖智　莫　北　苏泽航　李　璇

（广东财经大学公共管理学院）

摘要： 随着信息技术的快速发展，社区治理正逐步向数智化转型。本文以广州市 C 街道为研究对象，通过调研居民需求和行为模式，详细分析了 C 街道如何利用数智化技术进行社区治理，以及在提升居民参与度、增强社区凝聚力、优化决策过程等方面的作用。在此基础上进一步探讨了政府、企业、居民协同治理在提升社区治理效率、增强居民满意度、促进社区可持续发展等方面的作用。未来，社区治理需要在确保技术安全和伦理的前提下，进一步深化数智化应用，实现社区治理的持续创新和优化。

关键词： 数智化；协同治理；社区治理；智慧社区；广州市 C 街道

我国城市治理的发展过程经历了探索期、构建期和发展期，从重建设、重硬件逐步向重治理、重服务转变。2019 年，习近平总书记在党的十九届四中全会中提出"城市治理是提升国家治理能力和实现治理现代化的必经之路"，智慧城市治理则是社会治理在新型城市空间的重要体现和落脚点[1]。从政策层面来看，自 2012 年智慧城市试点政策实施以来，各试点区域积极引入智慧城市理念，探索创新社区治理模式。这一举措显著提升了早期试点城市的治理水平，加速了智慧城市的发展进程。因此，智慧城市已成为社区治理发展的必要趋势，作为全国超大特大城市，广州市在智慧城市建设和城市治理方面需要走在前列。通过在多个镇街设立试点，广州不断探索新的城市治理路径，力求构建符合本地特色的治理模式，从而实现治理现代化。

早在 2002 年，C 街道被列为广州市首批城中村改造试点，通过近二十年的探索，积累了丰富的建设经验。2021 年，广州市城市管理和综合执法局发布了《广州市社区容貌品质全域提升行动计划（2021—2023年)》，将 C 街道纳入广州市全域提升行动计划的试点单位，在智慧城市和协调治理背景下，C 街道通过智慧城市系统，多部门协同推进，引入"智慧大物管"用于城中村环卫，以"工单"系统为基础，完成"发现—报事—协调—监督—关单—评价"的闭环流程，有效解决治理难题，提高市容环境治理效率和体验[2]（图 3-7、图 3-8）。C 街道始终坚持智慧赋能，采用智能物业管理，建立智慧运营调度中心，实现管理的专业化、规范化和精细化。通过创新智能监测设备、创新打造便民服务程序、创新打造全域管理系统、创新打造共建共治体系、便民服务程序、全域管理系统以及共建共治体系，强化了城中村科技信息化和治安防控，推动了 C 街道治理体系和治理能力现代化[3]。由此，C 街道从市容市貌和社会治理等方面均发生了显著的变化。

图 3-7　C 街道智慧大物管平台

图 3-8　C 街道智慧大物管系统巡逻车与智能识别系统

一、人员复杂症结多，治理问题频频出

（一）区位优势人流大，卫生治安两难愁

C 街道地理位置优越，交通便利，辖区内有 1 个汽车总站和 9 个地铁站，并有直通机场的快速公交和地铁，临近广州火车站，省市内外交通极为便捷。由于房租低廉，许多来穗务工的人员选择在此落脚，因此地理优势使得该地区人口结构复杂。根据第七次全国人口普查，截至 2020 年 11

月，B区常住人口超过370万人，其中人户分离人口约270万人，流动人口约238万人（图3-9）。C街道作为广州市"著名"的城中村街道，截至2022年7月，常住人口高达11.6万，其中户籍人口5.4万，来穗人员6.2万，呈现出现明显的外来人口倒挂现象。外来务工人员来自全国各地，具有多元的文化背景、生活习惯、教育背景和职业，他们的共同点在于都将C街道视为在广州务工的起点。

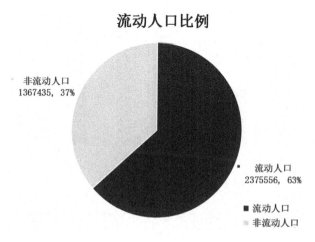

图3-9　B区人口结构

数据来源：《广州市第七次人口普查公报》。

每10万受教育学历人数

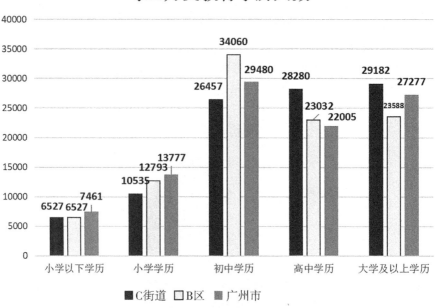

图 3-10　2020 年 C 街道、B 区与广州市每 10 万人受教育程度人数对比

数据来源：《广州市第七次人口普查公报》。

(二) 民生小案屡屡现，治安问题不好管

C 街道不仅有大量的常住流动人口，还有很高的日均流动人口。广州火车站因其商贸繁荣，尤其是在皮具、化妆品等传统产业上享有国际声誉，吸引了众多商家和个体户前来采购，每天高达 30 万的人流量带来了多样化的犯罪风险。C 街道的人口构成极为复杂，很难统计每栋房屋内租户的具体数量。许多村民将空余房屋整套出租，部分租客为了分摊房租，选择与他人拼租，导致房东无法掌握租客的详细身份信息。此外，一些租户出于经济利益的考虑，会租下数间房屋并转租给他人，成为"二房东"甚至"三房东"，这使得原房东更难以了解其房屋的实际租客身份。

C 街道的犯罪活动多以黄、赌、盗、抢、骗等违法行为为主，而非杀人贩毒等重大犯罪。这些犯罪往往具有作案迅速、犯罪人员单一、涉案金额较小、社会影响面较小的特点。例如，火车站附近的制假售假流动摊

贩、黑旅店、黑出租、偷电瓶和棋牌室等违法行为。这类案件虽看似琐碎，但若不及时治理，可能会演变成更严重的问题，最终造成更大的社会危害。

（三）居民居委不相容，邻里邻居难相处

在城中村，居民对居委会的不信任是普遍存在的问题，C街道也不例外，主要体现在两个方面。首先，居民对街道和居委会工作人员的工作执行情况持有疑虑，认为其能力不足，甚至有渎职现象。一些居民觉得街道工作人员在落实上级政策和开展工作时效果不佳、没有达到预期目标。身处广州，C街道的居民目睹其他街道的先进发展，难免产生比较心理，认为其他街道可以做到的事情，C街道却无法实现，从而对工作人员的执行力和能力产生质疑。例如，C街道未能有效治理街道环境卫生，这使得居民对街道的其他工作也失去信心。此外，看到其他街道拥有良好的公共服务设施时，他们也会质疑本街道工作人员的能力。其次，居民对街道干部和居委会工作人员的廉洁程度持有怀疑态度。媒体报道中有关其他街道、村委会、居委会的贪腐现象，容易引发居民对本街道干部和工作人员存在类似问题的联想。尤其是在对其工作能力已经存在质疑的情况下，居民更容易将问题归咎于潜在的贪腐行为，从而加深了对街道干部和居委会工作人员的误会。

C街道虽然在行政区划上被视为社区，但它并不具备"共同体"的实质特征。一个真正的社区或共同体通常包含四个基本要素："一定的地域""共同的纽带""社会交往"和"认同意识"。学术界普遍认为，社区是指在一定地域范围内，人们基于共同的利益诉求和密切交往而形成的具有强烈认同感的社会生活共同体。虽然C街道具备"一定的地域"，但缺乏"共同的纽带"。由于街道内缺少公共空间和公共文化服务，导致"社会交往"的缺失，从而难以产生"认同意识"。居民更多地以自我为中心，在决策时仅从个人理性出发，忽视他人的利益和感受。这种情况导致居民之间因琐事经常发生争执，例如上下楼装修、楼道堆放杂物和噪音等问题，使得邻里关系紧张。

（四）公共服务不完全，公共精神仍缺失

C街道主要由务工人员组成，对公共服务的供给关注较少或无暇顾

及，正如前文所述，C街道尚未形成一个真正的"共同体"。通常认为，公共精神体现为利他的行为方式和考虑集体利益得失的态度。然而，正如在卫生和治安方面所表现的那样，居住在C街道的居民并不真正认为自己归属于C街道或广州市，因此缺乏利他心理。这体现在街道社会生活中高度原子化的人际关系上，人们虽然互为邻里却互不相识。在C街道，人际交往已从传统的人情社会转变为利益社会，大部分社会关系脱离了"情"的联系而转向"利"。这种缺乏公共精神的现象使得公共服务难以推进，公共服务本应取之于民、用之于民，但由于缺乏公共精神，居民难以看到公共服务带来的积极外部性，因此抵制为公共服务出资，也不会参与公共文化服务和建设活动。公共服务的缺失进一步削弱了物质联系和精神联结，反过来阻碍了公共精神的萌芽，形成了"公共精神困境"（图3－11）。为打破这一僵局，迫切需要推动公共精神和公共服务进入良性循环。C街道的基层治理者敏锐地意识到，智慧城市建设可能满足这一需求。与广州推行的全域服务治理试点同步，为C街道引入智慧城市系统提供了宝贵的契机。

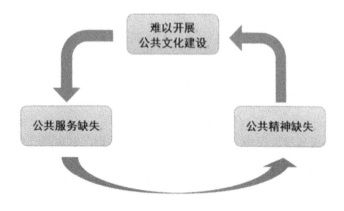

图3－11　C街道城中村公共精神困境

二、政策试行夯基础，智慧发展新格局

在国家政策和经济发展的有力支持下，智慧城市在城市建设中得到广

泛应用，不仅满足了人们对城市发展的基本需求，还推动了中国城市现代化进程。从政策角度分析，智慧城市旨在解决城市问题、协调社会发展，将技术优势和政府治理的制度优势相结合，加快将制度优势转化为治理效能，从而有效推进城市治理现代化。

（一）国家层面：试点推进，智慧赋能

自党的十八大以来，我国积极探索智慧城市的发展路径，从试点入手，逐步推进。2012年，住建部发布《国家智慧城市试点暂行管理办法》，启动年度试点申报工作。2016年，国务院颁布的《"十三五"国家信息化规划》提出，到2018年分级分类建设100个新型示范性智慧城市。同年，中共中央、国务院发布《进一步加强城市规划建设管理工作的若干意见》，计划到2020年建成一批特色鲜明的智慧城市。2019年，中共中央、国务院提出了《粤港澳大湾区发展规划纲要》，强调推进新型智慧试点示范和珠三角地区国家大数据综合试验区建设。进入2021年，"十四五"规划将城市发展引入"智慧城市"赛道，明确要求加快数字社会建设，适应数字技术全面融入社会交往和日常生活的新趋势，以数字化推动城乡发展和治理模式创新。规划强调分级分类推进新型智慧城市建设，推进市政公用设施、建筑等物联网应用和智能化改造，以及智慧社区建设。国家更加注重科学化、精细化、智能化发展，利用信息技术探索超大城市现代化治理的新路径（表3－1）。

表3－1　国家政策汇总

序号	法律法规及政策名称	发布部门	发布时间
1	国家智慧城市试点暂行管理办法	住房和城乡建设部	2012年
2	关于促进智慧城市健康发展的指导意见	国家发展和改革委员会等8部委	2014年
3	"十三五"国家信息化规划	国务院	2016年
4	中华人民共和国国民经济和社会发展第十三个五年规划纲要	国务院	2016年

续表

序号	法律法规及政策名称	发布部门	发布时间
5	中华人民共和国网络安全法	中华人民共和国第十二届全国人民代表大会第二十四次会议	2016 年
6	进一步加强城市规划建设管理工作的若干意见	中共中央、国务院	2016 年
7	智慧城市时空大数据与云平台建设技术大纲（2017 年版）	国家测绘地理信息局	2017 年
8	智慧交通让出行更便捷行动方案（2017—2020 年）	交通运输部	2017 年
9	关于开展国家电子政务综合试点的通知	中央网络安全和信息化委员会办公室等	2017 年
10	促进新一代人工智能产业发展三年行动计划（2018—2020 年）	工业和信息化部	2017 年
11	新一代人工智能发展规划	国务院	2017 年
12	关于全面推进移动物联网（NB－IoT）建设发展通知	工业和信息化部	2017 年
13	贯彻落实城市安全发展意见实施方案的通知	住房和城乡建设部	2018 年
14	智慧城市顶层设计指南	国家市场监督总局等	2018 年
15	云计算服务安全评估办法	国家发改委	2019 年
16	智慧城市时空大数据平台建设技术大纲	自然资源部	2019 年
17	粤港澳大湾区发展规划纲要	中共中央、国务院	2019 年
18	2020 年新型城镇化建设和城乡融合发展重点任务	国家发展和改革委员会	2020 年
19	中华人民共和国国民经济和社会发展第十四个五年规划和 2035 年愿景目标纲要	国务院	2021 年

续表

序号	法律法规及政策名称	发布部门	发布时间
20	"十四五"全国城市基础设施建设规划	住房和城乡建设部、国家发展和改革委员会	2022 年

（二）省层面：省市共推，引领发展

2014 年，广东省人民政府办公厅发布《推进珠江三角洲地区智慧城市群建设和信息化一体化行动计划（2014—2020 年）》，明确指出要在 2015 年建成全国领先水平的宽带网络基础设施，逐步实现城市智能感知系统和民生服务系统的对接，扩大网上办事和社会保障等智慧应用。到 2017 年，基本建成世界先进水平的宽带网络基础设施，通过地理空间、物联网、云计算和大数据等新一代信息技术实现区域经济社会各领域的智慧应用协同。到 2020 年，目标是建成国际领先的宽带网络基础设施，打造珠三角世界级智慧城市群。

2021 年，为进一步深化"放管服"改革，加快数字政府改革建设，提升省域治理"一网统管"科学化、精细化和智能化水平，广东省根据国家"十四五"规划纲要精神，制定了《广东省数字政府省域治理"一网统管"三年行动计划》。该计划旨在促进信息技术与政府治理的深度融合，打造理念先进、管理科学、平战结合、全省一体的"一网统管"体系，提升省域治理现代化水平，实现政务服务"一网通办"和政府运行"一网协同"的协同整体发展，为全面建设社会主义现代化国家提供坚实支撑。

2022 年是广东省实施数字政府改革建设"十四五"规划的关键一年。广东省人民政府办公厅印发了《广东省数字政府改革建设 2022 年工作要点的通知》，以全省数字政府均衡协同发展为抓手，以数据要素市场化配置改革为引领，聚焦省域治理与政务服务，全面深化"数字政府 2.0"建设，推动广东省数字化发展持续领先全国，进一步提升政府治理体系和治理能力的现代化水平（表 3-2）。

表3-2 广东省政策汇总

序号	法律法规及政策名称	发布部门	发布时间
1	推进珠江三角洲地区智慧城市群建设和信息化一体化行动计划（2014—2020年）	广东省人民政府办公厅	2014年
2	广东省数字政府省域治理"一网统管"三年行动计划	广东省政务服务和数据管理局	2021年
3	广东省国民经济和社会发展第十四个五年规划和2035年远景目标纲要	广东省人民政府	2021年
4	广东省人民政府办公厅关于印发广东省数字政府改革建设2022年工作要点的通知	广东省人民政府办公厅	2022年

（三）市层面：先试先行，广州探路

城市基层治理是推进国家治理现代化的重要基础性工程。2021年6月，广州市人民政府办公厅发布了《广州市国民经济和社会发展第十四个五年规划和2035年远景目标纲要》，深入实施数字中国战略，推动整体性转变、全方位赋能和革命性重塑，加快建设数字经济、数字社会和数字政府，以数字化转型整体驱动生产方式、生活方式和治理方式的变革，力争将广州建设成为国际一流的智慧城市。到2021年底，广州市印发了《关于开展全域服务治理试点工作方案》（下文简称《方案》），要求各区政府选择两个具备一定电子政务基础和代表性的镇街作为试点，并在2021年12月底前建成由电子政务网络、政府网站、业务管理系统和信息安全保障体系等构成的街（镇）电子政务公开平台。街（镇）电子政务公开平台应具备宣传、展示、介绍街（镇）各方面情况的功能，支持网上政民互动和提供网上办事服务。2022年4月1日，广州市召开镇街全域服务治理试点工作动员会议，汇报有关工作的进展，全面启动全域服务治理试点工作，选择18个镇街作为首批试点单位，推进"城市大管家"项目的实施。通过总结和推广试点经验，广州市旨在建立全市统一的街（镇）电子政务公开平台，全面提升政务公开和服务水平。B区根据《方案》要求，选定C街道作为全域服务治理的试点区域，并要求街道主动

与相关企业合作，推动项目落实（表 3 - 3）。

表 3 - 3　广州市政策汇总

序号	法律法规及政策名称	发布部门	发布时间
1	广州市国民经济和社会发展第十四个五年规划和 2035 年远景目标纲要	广州市人民政府办公厅	2021 年 6 月
2	广州市数字经济促进条例	广州市人民政府办公厅	2022 年 6 月
3	广州市基于城市信息模型的智慧城建"十四五"规划的通知	广州市人民政府办公厅	2022 年 7 月

（四）镇街层面：促政企社多元协同，建全域"智治"新模式

B 区从垃圾治理入手，在全区 24 个镇街全面启用"智慧分类"系统，通过 AI 技术识别垃圾分类违规行为，引入智慧系统的企业以激励居民积极参与社区治理。政府通过有效联结市民和企业力量，着力提升"家门口"的社区服务治理，鼓励群众共同参与，共建共治共享，从而形成人人有责、人人参与、人人共享的全域服务治理新模式。这一举措促进了政府、企业与居民的协同治理发展，助力打造基层治理现代化的全域"智治"模式。

1. 协同治理与治理共同体建设——推动政府、企业、居民三方合作，实现管理效能最大化

协同治理理论包含四个要素特征。一是治理主体多元化，强调各个子系统之间有序的协同运动，治理主体不再局限于政府部门[4]。二是自组织间协同性，当自组织通过平等自愿的协作进行资源与权力的互动，以实现系统的有序发展[5]。三是序参量主导性。协同治理依赖于私人部门、公民自愿团体与政府之间的自愿合作，政府作为目标制定者的角色仍不可或缺[6]。四是目标的统一性。协同治理追求的是发挥系统的最大功效并实现共同目标，从而在社会系统中形成"善治"的闭环，实现社会事务的最优治理[7]。社会治理共同体是基于共享利益而形成的共同体，其目标是实现人人享有的理想，激励每个人承担责任并尽职尽责。如果不能为

成员带来切实利益，或无法创造更加公平的社会环境，该共同体将难以持续发展。奥尔森指出，当个体认为自身的利益与社会繁荣密切相关时，他们在追求个人利益和社会收入再分配时会表现出节制，甚至愿意为支持全社会有利的政策和行动做出牺牲，这体现了对共同利益的追求。反之，当个体对损害社会利益以增进自身利益存在强烈企图时，他们则在追逐狭隘利益。社会治理共同体追求的是共同利益而非狭隘利益，强调社会公正作为基本出发点，通过保障社会成员的基本权利和尊严，打破利益和阶层固化的壁垒，减少相对剥夺，实现治理成果的共享。同时，社会治理共同体不仅关注物质利益的共享，也重视对全体成员的公平对待和对利益受损者的合理补偿，结合物质利益的协调与精神层共识的凝聚，确保"人人有责、人人尽责"的治理过程与"人人享有"的治理目标相辅相成。

　　C 街道全域"智治"新模式坚持党建引领、政府主导、企业主体、市民参与的原则，充分体现了社会治理共同体理论。作为广州市 18 个全域服务治理试点区域之一，C 街道在政策的引导下，以社区环卫为切入点，基本实现政府与企业在社区治理事务上的合作。要推动构建人人有责、人人尽责的社会治理共同体，关键在于调动社区居民参与公共事务的热情，唤醒社区居民的主人翁意识，提高居民对全域服务治理的认知。只有当居民意识到全域服务治理的政策精神及其对自身的积极影响时，他们才会接受 W 企业进入自己的社区进行建设和提供服务，并自愿参与社区事务治理。当政府、企业和居民三方积极参与社区治理时，才能实现协同治理理论中的各子系统共同参与与相互协同。实现人人有责，人人尽责，人人享有的社会治理共同体，最终能够实现资源的增值，最大限度地维护和增进社会公共利益（图 3 – 12）。

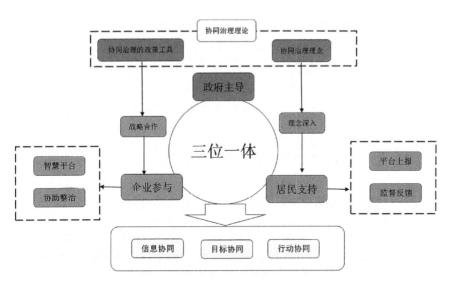

图 3-12　多元协同治理模式

2. 数字化赋能——深入洞察公众需求，提供精准服务

进入 21 世纪以来，数据已成为推动社会经济增长的新资源和新资产，进而成为大国战略竞争的重要内容。然而，数字化生存也带来了诸多无序与混乱，促使"数字治理"这一概念的诞生与扩展。政务服务的数字化转型不仅是政府、社会、市场等各个价值共创主体数字能力提升的过程，也是由"价值共创—组织变革—数字赋能"构成的政务服务公共价值战略三角的博弈过程。创造公共价值是"组织变革"的核心追求，而"价值共创"则为"组织变革"提供理念引领和实践方向，"数字赋能"则为其提供技术支撑与工具创新，"组织变革"为"价值共创"和"数字赋能"开辟实践空间提供现实载体，三者相互作用、相互支撑、有机统一于政务服务生态系统数字化转型实践中。唯有持续提高政府、社会和市场各个价值共创主体的数字能力，才能接近或实现理想中的政务服务共同体目标形态[8]。

在 C 街道政企合作过程中，深刻体现了政务服务公共价值战略三角的博弈过程。为了改善社区环境卫生质量并落实市政府下达的全域服务治理试点工作，C 街道积极寻求与物业企业的合作，这一举措体现了以"价值共创"理念为引导的实践。通过与 W 企业的合作，C 街道实现了"组织变革"，为借助数字化平台提升社区环境和居民生活质量提供了实践空间和现实载体。大物管平台的正式启用，通过后台监控社区环卫工人的工作情况，并搭建"云报事"小程序将居民需求转化为工单，实现了针对性服务的技术支撑和工具创新。这一切均得益于 C 街道与 W 企业之间良好的合作关系，使得社区环卫质量和居民满意度在政企合作后显著提升。

三、智慧赋能解旧忧，企业融入出新愁

（一）规范管理显成效，环卫工渴望更好发展空间

据 C 街道居民反映，在大物管平台进入社区之前，卫工人的工作态度和质量尚待提高，部分区域因责任不明确而未能及时清理，W 企业的介入带来了显著改善。随着大物管平台的进驻，环卫工人从 C 街道的环卫所转入 W 企业管理。W 企业采取了更为系统的管理方式，要求所有环卫工人在作业时佩戴电子工牌，并按时上下班，同时在后台监测所有环卫工人的位置。这一举措不仅有效防止了环卫工人在工作时间的随意行为，还确保了每位作业工人的健康状况得以监控，从而提升了环卫工作的整体质量和效率。

C 街道的陈主任提到：

我们最开始推行时，环卫工人的电子工牌上牌率非常低，连 10% 都没有。在 W 企业进行环卫工人转编的前期，部分环卫工人对这次的收编工作表示了担忧。尽管如此，企业按照相关要求严格保证了环卫工人的收入，这体现了企业与环卫工人积极沟通的态度。（2022SWQ01）

由环卫所的管理转为 W 企业的管理，意味着环卫工人的管理方式变得更加市场化。虽然这不再是传统意义上的"铁饭碗"，但通过严格遵守制度，环卫工人有机会在更加规范的管理下获得稳定的薪酬和职业发展机会。企业的规范化管理和后台监测虽然对工作纪律提出了更高要求，但也为环卫工人的职业发展提供了明确的指引和保障。接受收编的环卫工人愿意接受企业的规范化管理，意味着他们认可这种更高效、更透明的工作模式。站在环卫工人的角度上，虽然工作要求更加严格，但这也意味着他们的努力和付出将得到更公正的认可和回报。这种变化虽然需要时间适应，但长远看，有助于环卫工人的职业成长和生活质量的提升。

（二）数字赋能新治理，长者愁对云平台

在 C 街道这片老旧楼房林立的城中村，据住户老陈回忆，之前发现小区的公共区域堆满了垃圾，几个垃圾桶已然溢出，散落的垃圾随风飘扬，环境显得格外脏乱，这种情况不仅影响了居住环境，也可能引发卫生问题。过去，他曾尝试通过社区服务中心上报此类问题，但等待的过程又漫长且不确定，最终问题未必能及时解决。老陈回忆起上次报告垃圾未及时清理的经历，尽管他打了电话并进行了多次催促，却依然没有人过来处理。他衷心希望能有一种更高效的方式，能够及时解决这些公共卫生问题，让居民们的生活环境变得更加整洁、安全。老陈期待着社区能够引入一种更便捷的处理机制，确保每个人都能在干净舒适的环境中生活。（2022SWQ02）

针对以上情况，W 企业的大物管平台充分发挥了数字赋能的优势，于 2022 年 2 月份推出"云报事"小程序。居民可以通过报事 App 或小程序轻松扫码登录并拍照提交报修请求或者问题请求。后台在收到工单后，会自动识别信息，或由运营人员进行筛选，将工单迅速派发至相关责任单位，接到派单的工作人员会迅迅速赶赴现场处理问题，并及时反馈处理结果，最终由负责人检查并关闭事件。这一流程显著提升了问题响应的效率，确保了居民的需求能够得到及时解决。

新的反馈平台虽然给部分长者带来了一些挑战，但也为社区的管理提供了更高效的方式。梁太太是社区里的老住户，作为一个老广州，她在这个社区生活了相当长的时间。对于智慧化社区管理带来的技术革新，作为一个年近七旬的长者，重新适应一种新的管理方式，学习线上反馈对于她来说是一个新的尝试。

街道的梁老太太分享了她的感受："那个字有点小，我带着老花镜还是有些困难。"梁太太表示："拍照和上传有时会遇到一些问题，比如位置权限没有打开等。等我弄明白这些问题，我通常已经找师傅修好了。"当被问及是否参加过社区的相关培训时，梁老太太回忆道："有时社区会教我们怎么拍照和上传，虽然我年纪大了，容易忘记，但这些培训还是很有帮助的。"（2022SWQ03）

面对家中供水系统故障的问题，梁老太太感到出门寻找师傅解决问题比面对手机屏幕更为简单。然而，如何让适应能力相对较低的老年人认可

并熟练使用这套反馈系统，成为 W 企业融入社区的重要挑战。企业需要采取有效的措施，帮助老年人克服数字化障碍，使他们能够轻松地利用新技术解决日常生活中的问题。

为了解决老年居民在使用平台时遇到的困难，社区定期组织培训，教授居民群众如何上报事件。对于特别有困难的住户，社区还安排了上门教学，以确保他们能够掌握使用平台的方法。除了培训和指导，社区还通过激励机制提高老年群体使用新平台的积极性和参与热情，鼓励他们积极参与社区治理。通过一次次的沟通与互动，社区努力提升居民的参与感、获得感和幸福感。

（三）治安管理出新招，综治队伍亟须归属感

自 20 世纪 80 年代末，大量外来人员涌入广州市，C 街道因为其靠近火车站而成为租房客的聚集地，外来人口数量庞大，造成严重的外来人口倒挂现象，居民素质良莠不齐，管理难度加大。与此同时，来自五湖四海的流动人口在此形成了非正式团体，互相包庇违法犯罪行为，使得 C 街道成为违法犯罪的温床。1995 年，C 街道被国家列为 17 个制贩毒重点地区之一；2014 年 6 月 8 日，数百人更是聚集与消防执法人员对峙。这一系列事件无不反映了 C 街道所面临的治安困局。

在企业成功进驻并开展社区环卫工作后，C 街道开始积极推动企业与地方治安工作的进一步合作。然而，早在与 W 企业合作之前，各村内已有由居民自发成立了治保队，通过向居民收费的方式提供服务。企业的加入毫无疑问会影响这些自管会的经济利益，导致治保队的居民对企业产生更强的抗拒情绪，这在很大程度上对企业融入社区造成了消极影响。同时，综治队伍的转接问题也给企业带来了困难。由于综治在业务上属于政法系统的业务职能，企业在推进地方治保队伍的改进工作时必须进行与上级部门的协调，这一过程对企业而言显得尤为棘手，使其难以发挥应有的作用。

为了切实改善 C 街道的地方治安质量，企业一方面需要与各村管理组织进行深入沟通，另一方面也要与负责自管队伍的上级综治部门争取资源整合。在这一过程中，街道办作为关键的桥梁和纽带，发挥着不可或缺的作用。企业应与街道办加强协调与合作，借助街道办的力量，获取更多政策支持，同时帮助其做好对治保队伍的思想工作。企业还应尽量保留原

有自管队伍的人员，既促进村内治安管理的专业化，又保障原有队伍的利益，确保各方的需求和利益得到有效平衡。

（四）公共精神存缺失，政企协同提素质

在实际走访中，团队发现 C 街道居民存在公共精神缺失的现象，首先，居民对与自身没有直接利益关系的公共事务表现出明显的漠不关心，知情权和表达权的行使往往仅限于与自身利益相关的事项。其次，个人利益往往被置于集体利益之上，例如，在垃圾定时投放点的设置问题上，居民往往优先考虑这一事务对自身的影响，忽视了集体的需求。最后，居民对参与公共事务的热情不足，多数人表示不会主动参与公益活动。因此，C 街道的公共精神缺失问题亟须政府、企业和居民三方共同努力，以实现公共精神的重塑。

C 街道历史地位特殊，作为红色革命的发源地，拥有丰富的文化内涵。政府可以通过党建引领社区精神，由社区工作者带头践行红色文化和传统美德。一方面，这将为居民树立榜样，激励他们积极参与公共事务；另一方面，可以通过开展主题宣讲、文艺汇演等活动，宣传身边的好人好事，提升居民的公共意识，从而为公共精神的重塑奠定基础。

企业方面可以发挥积极作用，帮助构建地方官方网络平台，为居民提供一个安全、开放的空间，让他们敢于表达意见和参与讨论。这种平台不仅能定期公开社区的日常事务，使居民对公共事务有更直观的了解，还能鼓励他们参与到社区的监督工作中。通过这一方式，居民的主人翁意识将得到唤醒，官民之间的信任障碍也将逐步消除，从而培养出关心公共事务的公共精神。

（五）信任桥梁难搭建，长线沟通跨"鸿沟"

W 企业在进入 C 街道后，面临着居民信任问题的挑战。如果居民对企业的介入持有疑虑，企业将难以充分发挥其在社区服务中的作用。因此，协调企业与居民之间的的信任关系，对于推动共治共享的目标具有重要意义。由于企业的逐利性，许多居民对其产生了不信任，尽管 W 企业当前通过政府统一购买服务的方式进行环卫工作且不向居民收费，但仍有部分居民对未来可能的收费表示担忧，尤其是考虑到服务范围的扩展可能带来的额外费用。从居民的角度来看，这一切都充满了不确定性。为了解

决信任问题，必须增强居民对智慧社区服务的感知价值，提升他们参与的积极性。街道办作为基层治理的主体，应当积极开展党建引领，引导居民全面了解企业的运营模式，促进双方的相互理解和沟通，从而打破技术与信任之间的壁垒，搭建起信任的桥梁，满足各方的需求。

（六）全域服务与治理协同，多元协调促共治

2021年底，广州市印发《关于开展镇街全域服务治理试点工作方案》，选取全市18个镇街（片区）作为第一批试点单位开展全域服务治理，旨在增强企业造血功能，指导企业通过运营城市公共资源、参与有偿服务、导入产业融合发展等创收，降低政府购买服务成本，提升工作效能。

在实地调研过程中，作为试点片区之一的C街道，许多居民对全域服务治理的概念了解甚少，甚至有部分居民从未听过这一治理模式，这对政府相关试点工作的推进造成了障碍。全域服务治理强调党建引领、政府主导、企业主体、市民参与的原则，而居民对于政策的认识与全域服务治理试点落实情况息息相关。唤起市民主人翁意识，是推行全域服务治理必须要面对的问题。

为了让C街道的居民理解全域服务治理的内涵并参与共治，必须通过多元协调来提高市民的政治参与意识。增强居民对全域服务治理的认知是关键，只有当他们充分认识到这一政策的核心精神及其对自身生活的积极影响时，才会自愿投身于治理工作中。企业作为全域服务治理的重要主体，可以利用互联网平台向居民普及相关知识。这不仅有助于居民对企业融入社区的支持，还能建立良好的双向关系，推动全域服务治理模式的有效实施。

四、智慧物管助推全域服务，三方协同增强城市治理能力

广州市全面启动镇街全域服务治理试点工作，C街道与W企业合作，借鉴其在全国30多座城市的实践经验，通过企业的智慧平台建设"智慧大物管"系统，引入社会物管企业，以智慧云平台高效处理数据和实时监控城市状况，提升专业物业管理水平，显著增强基层治理的智慧化能力，减轻治理负担，为实现全域服务治理贡献力量。

（一）企业入驻提升管理，环卫服务焕发新风貌

在大物管平台进驻后，环卫工人从 C 街道的环卫所管理转为 W 企业管理。W 企业改变了以往松散的管理方式，尽管许多环卫工人对企业的严格管理表示不满，企业方仍顶住压力，坚持实施以电子工牌为核心、奖惩制度为辅的管理模式。经过近半年的磨合，从 2021 年 11 月至 2022 年 6 月，环卫工人逐渐接受了新的管理制度，电子工牌的使用率从最初不足 10% 提升到 100%，这一转变不仅大大减少了工作中的懈怠情况，也保障了环卫工人的身体健康，显著提高了社区的环卫质量（图 3 – 13）。

图 3 – 13　环卫工人分发电子工牌

（二）居委热情常指导，长者愁容变笑容

自 2021 年 12 月以来，针对长者居民在使用平台时遇到的困难，C 街道主任和智慧运营中心的工作人员每周积极组织辖区内的党员、群众、志愿者和群团，开展社区公共服务活动。这些活动包括为居民义剪、社区大扫除、修剪草坪、垃圾清理和送新年挥春等。在这些服务活动中，他们大力鼓励居民积极参与镇街全域服务治理试点工作，特别为长者市民提供专门指导，帮助他们学习并掌握系统的使用方法。这一举措在提升居民参与治理的积极性和推动社区共治方面发挥了重要作用。

（三）智慧巡逻效率高，治保队伍干劲足

W 企业的入驻与 C 街道原有的自管队伍之间可能产生一定的矛盾，但在 C 街道办的协调下，企业一方面与各村管理组织进行了详细沟通，另一方面与管理自管队伍的上级综治部门努力争取资源整合。在此基础上，企业为协助 C 街道的治安管理准备了两种方案。首先，将村中的自管队纳入一体化管理，采用类似于环卫工人的电子工牌方式进行整体管理。其次，企业提供信息化服务，由村中自行管理，以收编或规范化管理的方式介入 C 街道治安管理。无论选择哪种方案，都尽可能保留了原有的自管队伍的成员，在提升村内治安专业化水平的同时，顾及原有自管队的利益（图 3 – 14）。

图 3 – 14 C 街道现场巡逻

（四）政企合作同出力，公共精神渐培育

为了方便居民及时向政府反馈意见，C 街道与企业合作开发了一款专供本街道居民使用的 App。该应用设置了"党建专栏""有事好办""有

话好说"等六大模块，其中"有话好说"模块为居民提供了一个处理问题反馈和建言献策的平台，使居民能够积极参与街道治理，增强归属感和获得感，拉近了政府与居民之间的距离。此外，政府可以通过这款 App 宣传政策制度，居民也能及时反馈政策实时中的不足之处，激发他们参与治理的热情，从而有效培育公共精神。

（五）以人为本筑根基，沟通终引信任来

社区引入企业后，许多居民起初可能认为企业只追求利益，因此对其不信任甚至产生抵制情绪。然而，企业与居民应是合作与信任的伙伴关系。为让居民接受企业，W 企业与基层政府共同利用公众号和微博等大众信息网平台，促进企业与居民之间的相互了解和沟通，打破技术与信任的壁垒。街道办作为桥梁，积极通过党建引领，帮助居民全面了解企业的各个方面，使他们认识到企业的入驻将有助于街道的更好建设。通过长期有效的沟通，双方能够理解彼此的目的和需求，从而建立稳固的信任关系。

（六）智慧平台搭桥梁，全域服务落实处

自广州市启动全域服务治理试点以来，各试点均取得显著成效，其中 C 街道更是成为模范。智慧"大管家"有效拉近了居民、政府、企业之间的距离，三者共同合作打造智慧社区，为全域服务治理的落实做出了巨大贡献。全域服务治理全面解决了居民生活中的诸多问题，大幅提升了居民的幸福感。通过让企业担任"大管家"，负责服务性和事务性工作，增强了企业的社会责任感。企业在自我"造血"中增加营收，同时实现了城市治理的降本增效。

（七）智慧管家成效显，政企居民乐开颜

智慧管家的引入 C 街道带来了显著的成效，多个方面发生巨大改变。企业通过智慧云平台和奖惩机制提升了环卫队伍的效率，并推出"居民上报，定点清扫"的新模式，使清洁工作更精准高效。（1）环卫管理变得更加规范。企业通过智慧云平台和奖惩机制提升了环卫队伍的效率，并推出"居民上报，定点清扫"的新模式，使清洁工作更精准高效。（2）智慧平台的普及也让老年居民不再因不熟悉网络而脱节，在基层政府和企

业的宣传以及志愿者的指导下，他们学会了使用新技术。（3）治保队伍方面，通过分阶段沟通，C街道成功消除了原有队伍的抗拒，并实现了与入驻企业的合作。（4）公共精神得发展。居民通过反馈平台表达想法和建议，提升了参与度和公共意识。企业则通过高品质服务和与政府的合作宣传，赢得了居民的信任，建立了良好的关系。（5）全域服务治理稳推进。智慧云平台促进了居民、政府和企业的共建，居民享受到高品质服务，企业实现自我"造血"，政府则达成了治理降本增效的目标，智慧管家在其中发挥了重要作用。

智慧管家的引入给C街道带来了巨大的改变，将其从曾经的脏乱差街道转变为如今的模范智慧街道。李女士满脸笑容地表示："虽然我们在城中村，我们街道的环境变得越来越好了，各种服务不断提升，我们感到非常幸福！"（2022SWQ04）

C街道从最初的传统环境下基层治理矛盾频发，逐步转变为广州市城市治理现代化的典范，为众多城市提供了治理的思路和方法。C街道充分利用"政府—企业—居民"三者利益共同体的关系，从环境治理入手，引入智慧城市治理系统，为居民提供参与社区监督和治理的渠道，持续提升居民的公共精神意识，促进社区共治、共建、共享新格局的形成，实现治目标、数据信息、治理行动的多重协同。同时，数字化为改革为治理提供了良好的环境，而智慧化协同则成为下一阶段的主要目标，需各方共同参与，推进城市治理治理体系和治理能力现代化，全方位提升人民群众的幸福感、获得感和安全感。

五、数智化赋能社区治理可持续发展建议

（一）重塑协同治理理念，完善顶层设计框架

与传统治理相比，智慧治理更注重发挥多元主体的主观能动性，通过重塑协同合作的治理理念，充分整合社会资源，推动专业化分工合作，从而促进城市治理的发展，形成政府主导、市场支持、社会参与的多元协同治理新格局。多方协同的智慧治理是基层实践中的大胆创新，这一新格局需要顶层制度设计的有效支撑。然而，基层实践中制度的不完善一直困扰着各级部门。首先，企业和居民对协同治理的标准不明确，在项目由政府

运作转向协同治理共同后，各方的权责并没有得到明确规定，缺乏统一的运作标准；其次，智慧协同治理格局的建立缺乏全过程的政策指导，尤其在实际操作中，企业治理过程的引入缺乏政策依据，可能面临违规操作得风险。完备的制度设计应避免将过多的决策推向上级，提高基层决策和执行效率。目前的实践显示，基层部门在决策时缺乏参考依据，往往被动等待上级指示，反映出制度设计的不足。为解决这些问题，建议政府制定智慧社区治理体系的行动指南，明确基层在智慧社区治理全过程中的各个阶段行动标准和政策文件，为建设智慧治理系统提供政策支持和指导；同时，相关部门应制定治理过程中各方的权责关系，基层部门则应积极落实和遵守相应工作规定。

（二）健全协调沟通机制，打破政企信息壁垒

在智慧治理平台的搭建过程中，由于缺乏政、企、民三方有效的沟通平台和正式的沟通机制，导致在平台建设及后续治理中，三方的沟通效率较低，无法及时交换信息[9]。建立协调沟通机制，一方面可以提升各方的沟通效率，提高智慧治理平台的建设和治理效率，另一方面，也能形成多方监督的潜在机制，促使积极性高的治理方推动其他方提高效率。完善的协调沟通机制可以通过政府对民众（government to citizen，G2C）、政府对企业（government to business，G2B）、政府对政府（government to government，G2G）运行模式，利用电子信息的便利性和快捷性，构建定时沟通机制，共同治理城市公共事务，并实现相互监督和制约，从而形成有效的治理机制。此外，统一政府部门与企业的治理平台，强调数据和资源共享，强化协调治理，实现政府和企业全过程参与，实现"制度＋技术"的有效互动和融合发展。

（三）坚持以人为本，构建更为广泛的居民参与平台

首先，试点街道的相关部门应加强党建引领，积极宣传协同治理理念，通过利用街道社区的公共空间和组织公共活动，增强居民的"主人翁"意识，鼓励更多居民加入智慧化管理平台，积极参与社区治理。其次，行政机关和基层部门需要提高透明度，以多样化、贴近居民生活的线上信息公开方式，从被动公开转变为主动公开，主动筛选与居民切身利益相关的政策信息进行展示，延长公示资料的展示时间，并拓宽展示渠道。

此外，政府应积极回应居民对公示资料的疑问，做到有问必答。

随着技术引进带来的新挑战，如大龄居民对技术的不熟悉和青年居民的冷漠态度，政府在引导居民广泛参与治理的过程中，应注重简化技术平台的上报流程，设计出让人民满意的智慧系统。同时，要明确市民在治理中的"主人翁"定位，将他们视为发现、应对和解决城市问题的重要主体，建立政府与市民协同治理的模式。

参考文献

[1] 习近平. 坚持和完善中国特色社会主义制度推进国家治理体系和治理能力现代化［EB/OL］.（2020 – 01 – 01）［2024 – 06 – 01］. https://www. gov. cn/xinwen/2020 – 01/01/content_5465721. htm.

[2] 广州日报. 广州：城中村管理有了"城市大脑"［EB/OL］.（2021 – 12 – 08）［2024 – 06 – 01］. https://baijiahao. baidu. com/s? id = 1718538074768223345&wfr = spider&for = pc.

[3] 人民融媒体. 广州三元里：智慧大物管推动"百千万".［EB/OL］.（2024 – 05 – 04）［2024 – 06 – 01］. https://baijiahao. baidu. com/s? id = 1798119644245120826&wfr = spider&for = pc.

[4] 俞可平. 全球治理引论［J］. 马克思主义与现实，2002（1）：20 – 32.

[5] 陆世宏. 协同治理与和谐社会的构建［J］. 广西民族大学学报（哲学社会科学版），2006（6）：109 – 113.

[6] 郑巧，肖文涛. 协同治理. 服务型政府的治道逻辑［J］. 中国行政管理，2008（7）：48 – 53.

[7] 刘伟忠. 我国地方政府协同治理研究［D］. 济南：山东大学. 2012.

[8] 陈水生. 新公共管理的终结与数字时代治理的兴起［J］. 理论导刊，2009，（4）：98 – 101.

[9] 温雅婷，余江，洪志生，陈凤. 数字化背景下智慧城市的治理效应及治理过程研究［J］. 科学学与科学技术管理，2022，43（6）：53 – 61.